03 1939 1945 | SEGUNDA GUERRA MUNDIAL

ЗА РОДИНУ-МАТЬ!
Ираклий Тоидз

1939-1940
FINLANDIA FRENA A STALIN
LOS SOVIÉTICOS SE HACEN CON EL CONTROL DEL BÁLTICO

SEGUNDA GUERRA MUNDIAL | 1939-1945
Las claves de la mayor contienda de la Historia

biblioteca EL MUNDO

Una producción para
Grupo Unidad Editorial S.A.
Presidenta: Carmen Iglesias
Consejero delegado: Antonio Fernández-Galiano
Director general editorial: Pedro J. Ramírez
Editor: Juan Carlos Laviana
Director de marketing: Pedro Iglesias

Edición
Centro Editor PDA, S. L.

Realización Editorial
Multiactiva Creación y Servicios Editoriales, S.L.

Diseño de cubiertas e interiores
ZAC diseño gráfico

Contenidos
Galland Books SLNE. Director: Lucas Molina
Director adjunto: Jorge Fernández-Coppel
Coordinador general: Juan Vázquez
Coordinador adjunto: Juan Carlos Salgado

Cartografía
quup comunicación

Ilustraciones
Julio L. Caeiro, Juan Carlos Ciordia, Marga Uriarte, Acción Press, Osprey Publishing

Fotografías
Galland Books SLNE, Juan Vázquez, Hulton Archive/Getty Images, Time & Life Pictures/Getty Images, Popperfoto/Getty Images, Getty Images, Album/Akg Images, Album/Imperial War Museum, DeA Picture Library, Corbis, Bettmann/Corbis, Editis, Album

Textos
Juan Carlos Losada, Juan Vázquez
Recuadros: Juan Carlos Losada [J.C.L.], Juan Vázquez [J.V.], Rodrigo Díaz [R.D.]

Texto "Escandinavia. Finlandia":
© Winston Churchill, 1959
© de la traducción: Alejandra Devoto
© de la edición: La Esfera de los Libros, S.L., 2001

Infografías-Informes Visuales
Visual Thinking: Edeline (p.58), Miguel Gómez (p.26, p.136, p.142), KAY (p.113), Marcela Kross (p.120), Fram Morgue (p.75), José Luis Tascón (p.102)
Planeta: Christian Mauro y Laura Burstein (p.34)

© de esta edición: Planeta Marketing Institucional, 2009

Impresión
Grupo Marte

ISBN Obra completa: 978-84-674-7542-5
ISBN Volumen 3: 978-84-674-7545-6
Depósito legal: M-27643-2009

Impreso en España-Printed in Spain

II GM

03 FINLANDIA FRENA A STALIN

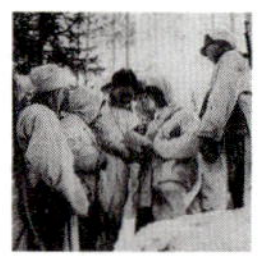

Imagen de cubierta: Iosif Stalin asiste, en mayo de 1935, al acto de inauguración del metro de Moscú.

Imagen de página 2: Cartel de propaganda soviético realizado por Irakli M. Toidzen (1902-1985) en 1943. La leyenda dice: "Por la Madre Patria".

SUMARIO

ESCANDINAVIA. FINLANDIA

Sir WINSTON CHURCHILL

Esa península de más de mil quinientos kilómetros de largo que se extiende desde la entrada del Báltico hasta el Círculo Polar Ártico tenía una significación estratégica enorme. Las montañas de Noruega penetran en el océano en una hilera continua de islas. Entre estas islas y el continente había un corredor en aguas territoriales a través del que Alemania se comunicaba por mar con el exterior, dañando profundamente nuestro bloqueo. La industria bélica alemana se basaba fundamentalmente en el suministro de mineral de hierro procedente de Suecia, que en verano salía desde el puerto sueco de Lulea, en el interior del golfo de Botnia, y en invierno, cuando éste estaba congelado, de Narvik, en la costa occidental de Noruega. Respetar esta «vía de agua» abrigada significaría permitir que continuara todo este tráfico bajo el escudo de la neutralidad a pesar de nuestra superioridad marítima. Al Estado Mayor del Almirantazgo le preocupaba mucho que le diéramos a Alemania esta importante ventaja y, en cuanto tuve oportunidad, planteé la cuestión en el Consejo de Ministros.

Al principio, mi caso fue bien recibido. Todos mis colegas quedaron muy impresionados por este mal, pero el respeto riguroso por la neutralidad de los pequeños estados era un principio de conducta que todos respetábamos. En septiembre, a instancias de mis colegas y después de que se examinara minuciosamente toda la cuestión en el Almirantazgo, redacté un informe para el Consejo de Ministros sobre este asunto y sobre el alquiler de tonelaje neutral, un tema relacionado con aquél. Una vez más, hubo acuerdo general sobre esta necesidad, pero no pude obtener la conformidad para actuar. El Ministerio de Asuntos Exteriores presentó argumentos de peso sobre la neutralidad y no pude convencerlos. Como ya veremos, seguí insistiendo sobre este punto por todos los medios y en cualquier ocasión. Sin embargo, la decisión que solicité en septiembre de 1939 no se tomó hasta abril de 1940, y entonces ya era demasiado tarde.

Casi al mismo tiempo, como sabemos ahora, los ojos alemanes estaban vueltos en la misma dirección. El tres de octubre, el almirante Raeder, jefe del Estado Mayor de la Armada, presentó

UN SOLDADO FINLANDÉS vestido con el equipo de camuflaje permanece al acecho en el frente oriental durante la Guerra de Invierno el 12 de enero de 1940. La capacidad del ejército finlandés para realizar ataques relámpago así como su gran movilidad sobre el terreno resultaron decisivas para oponer resistencia al invasor soviético.

a Hitler una propuesta titulada «La adquisición de bases en Noruega», solicitando «que se informara al *führer* lo antes posible sobre las opiniones del Estado Mayor de la Marina sobre las posibilidades de extender la base de operaciones hacia el norte. Hay que determinar si es posible adquirir bases en Noruega bajo la presión conjunta de Rusia y Alemania, con el objeto de mejorar nuestra posición estratégica y operacional». Formuló por tanto una serie de notas que presentó a Hitler el diez de octubre. «En estas notas –escribió– destaqué las desventajas que supondría para nosotros una ocupación de Noruega por parte de los británicos: el control de las entradas al Báltico, el flanqueo de nuestras operaciones navales y de nuestros ataques aéreos a Gran Bretaña y el fin de nuestra presión sobre Suecia. También destaqué las ventajas que nos proporcionaría la ocupación de la costa noruega: una salida al Atlántico septentrional y la imposibilidad de que los británicos colocaran una barrera de minas como ocurrió en los años 1917 y 1918.»

Rosenberg, el experto en asuntos exteriores del Partido Nazi que estaba al frente de un organismo especial que se encargaba de las actividades de propaganda en el extranjero, compartía la opinión del almirante. Soñaba con «convertir Escandinavia en una comunidad nórdica que reuniera a los pueblos septentrionales bajo el liderazgo natural de Alemania». A principios de 1939 creyó que había descubierto un medio en el Partido Ultranacionalista de Noruega, liderado por un ex ministro noruego de la Guerra llamado Vidkun Quisling. Se establecieron contactos y se relacionó la actividad de Quisling con los planes del Estado Mayor de la Armada alemana a través de la organización de Rosenberg y del agregado naval alemán en Oslo. Quisling y su ayudante, Hagelin, fueron a Berlín el catorce de diciembre y Raeder los llevó a ver a Hitler para discutir un golpe político en Noruega. Quisling llegó con un plan detallado. Hitler preocupado por el secreto, fingió reticencia para lograr que se comprometiera más y dijo que prefería una Escandinavia neutral. Sin embargo, según Raeder, ese mismo día dio órdenes al Mando Supremo de prepararse para una operación en Noruega.

De todo esto, evidentemente, nosotros ni nos enteramos.

LA PENÍNSULA DE ESCANDINAVIA SE CONVIRTIÓ EN ESCENARIO DE UN CONFLICTO INESPERADO QUE DESPERTÓ SENTIMIENTOS INTENSOS EN GRAN BRETAÑA

Mientras tanto, la península de Escandinavia se convirtió en escenario de un conflicto inesperado que despertó sentimientos intensos en Gran Bretaña y en Francia y afectó profundamente la discusión sobre Noruega. Los «Pactos de Asistencia Mutua» de Stalin con Estonia, Letonia y Lituania ya habían provocado la ocupación y la ruina de estos países, y el Ejército y la Fuerza Aérea rojos bloqueaban las líneas de entrada a la Unión Soviética desde el oeste, por lo menos en lo que respecta a la ruta del Báltico. Sólo quedaba la entrada a través de Finlandia.

A principios de octubre se presentó en Moscú Paasikivi, uno de los estadistas finlandeses que había firmado la paz con la Unión Soviética en 1921. Las exigencias soviéticas eran arrolladoras: había que retroceder la frontera finlandesa sobre el istmo de Carelia una distancia considerable para que Leningrado quedara fuera del alcance de la artillería enemiga; la cesión de ciertas islas finlandesas en el golfo de Finlandia; el usufructo del único puerto finlandés que no se congelaba en el océano Glacial Ártico, Pechenga y, sobre todo, el usufructo del puerto de Hanko, a la entrada del golfo de Finlandia, como base naval y aérea rusa. Los finlandeses estaban dispuestos a hacer concesiones sobre todos los puntos, menos el último. Si ponían las llaves del golfo en manos rusas les parecía que se esfumaba la seguridad estratégica y nacional de su país. Se interrumpieron las negociaciones el trece de noviembre y el gobierno finlandés comenzó las movilizaciones. El veintiocho de noviembre Mólotov anunció formalmente la rescisión del pacto de no agresión entre Finlandia y Rusia; dos días después los rusos atacaron ocho puntos de la frontera finlandesa, de más de mil quinientos kilómetros de largo y, esa misma mañana, la Fuerza Aérea soviética bombardeó la capital, Helsinki.

La peor parte del ataque ruso cayó, en un primer momento, sobre las defensas fronterizas finlandesas en el istmo de Carelia, que comprendían una zona fortificada de unos treinta kilómetros de ancho que atravesaban de norte a sur una zona arbolada cubierta de nieve. La llamaban la «línea Mannerheim» en honor del comandante en jefe finlandés que impidió que el país cayera en poder de los bolcheviques en 1917 [...]. El Ejército finlandés, con una capacidad ofensiva de apenas doscientos mil hombres, dio buena cuenta de ellos. Se enfrentaron a los carros de combate rusos con audacia y con un tipo nuevo de granada de mano que pronto se conoció como *cóctel mólotov*.

Es probable que el gobierno soviético esperara que esto fuera pan comido. Calculaban que los primeros ataques aéreos a Helsinki y en otros sitios sembrarían el terror a pesar de no ser a gran escala [...]. El ataque a la «cintura» de Finlandia resultó desastroso para los invasores porque esa parte del país está cubierta prácticamente en su totalidad por bosques de pinos, presenta una suave ondulación y en ese momento tenía un manto de nieve de treinta centímetros. El frío era intenso. Los finlandeses estaban bien equipados con esquís y ropa de abrigo, mientras que los rusos no tenían nada de eso. Además, los finlandeses resultaron ser individualmente luchadores agresivos, muy bien entrenados para el reconocimiento y la guerra en zonas boscosas. Los rusos se fiaron en vano de las cifras y de sus armas más pesadas. A lo largo de todo este frente, los puestos fronterizos finlandeses fueron retrocediendo lentamente por las carreteras seguidos por las columnas rusas. Cuando éstas penetraron unos cincuenta kilómetros, los finlandeses cayeron sobre ellos [...]. A finales de diciembre, todo el plan ruso de atravesar la «cintura» se había desmoronado.

EL FRACASO A LO LARGO DE TODO EL FRENTE CONVENCIÓ AL GOBIERNO SOVIÉTICO DE QUE TENÍAN QUE ENFRENTARSE CON UN ENEMIGO MUY DIFERENTE DEL QUE HABÍAN PREVISTO

Mientras tanto, el ataque a la línea Mannerheim, en el istmo de Carelia, no iba mucho mejor. A principios de diciembre, casi doce divisiones lanzaron una serie de ataques masivos que continuaron durante todo el mes. Al final del año, el fracaso a lo largo de todo el frente convenció al gobierno soviético de que tenían que enfrentarse con un enemigo muy diferente del que habían previsto y decidieron hacer un gran esfuerzo [...]. En círculos británicos, muchos se congratularon de no haberse tomado la molestia de poner a los soviéticos de nuestro lado y se vanagloriaron de su previsión. Se llegó demasiado pronto a la conclusión de que el Ejército ruso se había arruinado con la purga y que esto demostraba la corrupción y la degradación inherentes de su sistema de gobierno y sociedad. Pero a esta conclusión no llegaron sólo en Inglaterra. No cabe duda de que Hitler y sus generales meditaron profundamente sobre lo ocurrido en Finlandia y que esto tuvo una influencia decisiva en las ideas del *führer*.

Todo el resentimiento contra el gobierno soviético que despertó el pacto Ribbentrop-Mólotov se avivó con esta última muestra de brutal intimidación y agresión, a lo que se sumó el desprecio por la incompetencia demostrada por las tropas soviéticas y el entusiasmo por los aguerridos finlandeses. A pesar de la gran guerra que se había declarado, había mucho interés por ayudar a los finlandeses con aviones y más material bélico necesario, y enviando voluntarios desde Gran Bretaña, Estados Unidos y, sobre todo, desde Francia. Tanto para el envío de municiones como de voluntarios sólo había una ruta posible para llegar a Finlandia. El puerto de Narvik, con el ferrocarril que atravesaba las montañas hasta las minas de hierro de Suecia, adquirió una nueva significación sentimental, y acaso estratégica. Pero usarlo como una línea de suministro para los ejércitos finlandeses afectaba la neutralidad tanto de Noruega como de Suecia, dos estados que, temerosos por igual de Alemania y de Rusia, tenían por único objetivo mantenerse al margen de los conflictos que los rodeaban y que podían sepultarlos. Para ellos, ésta parecía la única oportunidad de sobrevivir. Pero aunque el gobierno británico se mostraba renuente, naturalmente, a cometer siquiera una infracción técnica de las aguas territoriales noruegas colocando minas en la «vía de agua» para adquirir ventaja contra Alemania, actuó impulsado por una emoción generosa, sólo relacionada indirectamente con nuestro problema bélico, presentando una petición mucho más formal, tanto a Noruega como a Suecia, para que le permitieran transportar libremente hombres y suministros hasta Finlandia.

Yo sentía mucha simpatía por los finlandeses y apoyé todas las propuestas para ayudarlos, de modo que acogí este aire nuevo y favorable como un medio para conseguir la gran ventaja estratégica de interrumpir la llegada a Alemania del mineral de hierro, un suministro tan vital. Si Narvik se convertía en una especie de base de los aliados para abastecer a los finlandeses, sin duda sería fácil impedir que los barcos alemanes cargaran mineral en el puerto y que navegaran tranquilamente por la «vía de agua» hasta Alemania. Una vez superadas las protestas de Noruega y Suecia, por el motivo que fuera, las medidas más importantes englobarían a las otras. Por consiguiente, el dieciséis de diciembre renové mis esfuerzos por conseguir la aprobación de una operación tan sencilla e incruenta como minar la «vía de agua».

El Consejo de Ministros estudió mi memorándum el veintidós de diciembre y yo lo defendí lo mejor que pude, pero no conseguí que se decidieran a actuar. Se podía enviar una protesta diplomática a Noruega por el mal uso de sus aguas territoriales por parte de Alemania, y se enviaron instrucciones a los jefes del Estado Mayor para que «consideraran las consecuencias militares de sus cometidos en suelo escandinavo». Los autorizaron a «hacer planes para el desembarco de una fuerza en Narvik, por el bien de Finlandia, y también contra una posible ocupación alemana del sur de Noruega». Pero no se pudieron expedir órdenes ejecutivas al Almirantazgo. En un documento que hice circular el veintiuno de diciembre resumí los informes del servicio secreto que demostraban las posibilidades de un plan ruso con respecto a Noruega. Se decía que los rusos habían concentrado tres divisiones en Murmansk, preparándose para una expedición por vía marítima. Mi conclusión era que «podía ser que aquel lugar fuera escenario de las primeras actividades». Lo cual resultó cierto, pero no así su procedencia.

Hacía tiempo que me interesaba capturar el *Altmark*, la nave auxiliar del *Spee*, que además servía como prisión flotante para las tripulaciones de nuestros buques mercantes hundidos. Los prisioneros británicos liberados por el capitán Langsdorff según el derecho internacional en el puerto de Montevideo nos contaron que había casi trescientos marinos mercantes británicos a bordo del *Altmark*. La embarcación permaneció oculta en el Atlántico meridional durante casi dos meses y entonces, esperando que hubiera cesado la búsqueda, su capitán trató de regresar a Alemania. La suerte y la meteorología estuvieron de su parte, y nuestros aviones no lo avistaron hasta el catorce de febrero, después de pasar entre Islandia y las islas Feroe, en aguas territoriales noruegas.

HACÍA TIEMPO QUE ME INTERESABA CAPTURAR EL 'ALTMARK', LA NAVE AUXILIAR DEL 'SPEE', QUE ADEMÁS SERVÍA COMO PRISIÓN FLOTANTE

Según un comunicado del Almirantazgo, «ciertas naves de Su Majestad, convenientemente colocadas, se pusieron en movimiento». Una flotilla de destructores, al mando del capitán Philip Vian, de la nave británica *Cossack*, interceptó al *Altmark*, aunque no lo importunó de inmediato. Se refugió en el fiordo de Jösing, una entrada estrecha de algo más de dos kilómetros de largo rodeada de altos acantilados cubiertos de nieve. Dos destructores británicos recibieron órdenes de abordar el barco para su inspección. A la entrada del fiordo se encontraron con dos cañoneras noruegas que les informaron de que la nave estaba desarmada, que la habían inspeccionado el día anterior y que había recibido autorización para dirigirse a Alemania pasando por aguas territoriales noruegas, por lo que nuestros destructores se retiraron.

Cuando esta información llegó al Almirantazgo, intervine y, con la aprobación del ministro de Asuntos Exteriores, ordené a nuestros barcos que entraran en el fiordo, y Vian hizo el resto. Esa noche, a bordo del *Cossack*, con los reflectores encendidos, entró en el fiordo, rodeado de témpanos de hielo. Primero subió a bordo de la cañonera noruega *Kjell* y solicitó que se condujera el *Altmark* hasta Bergen, con una escolta conjunta, para abrir una investigación según el derecho internacional. El capitán noruego insistió en que el *Altmark* había sido registrado dos veces, que no llevaba armas y que no se habían encontrado prisioneros británicos. Entonces Vian manifestó que él iba a subir a bordo e invitó al oficial noruego a acompañarlo, invitación que fue rechazada.

Mientras tanto, el *Altmark* se puso en marcha y, al tratar de embestir al *Cossack*, encalló. El *Cossack* se colocó a su lado y entonces subió a bordo un pelotón de abordaje tras luchar para abarloarse. Se produjo una violenta lucha cuerpo a cuerpo en la que murieron cuatro alemanes y cinco quedaron heridos; parte de la tripulación huyó a tierra y el resto se rindió [...]. Entonces se oyó el grito: «¡Está aquí la Armada!»; al oírlo, los prisioneros rompieron las puertas y subieron en tropel a la cubierta. También se comprobó que el *Altmark* transportaba dos cañones antiaéreos y cuatro ametralladoras y que, a pesar de que los noruegos habían subido a bordo en dos ocasiones, no lo habían registrado. Las cañoneras noruegas permanecieron todo el tiempo como observadores pasivos. A medianoche, Vian salió del fiordo y se dirigió al Forth.

LA HONORABLE CORRECCIÓN QUE NOS PRIVÓ DE TODA INICIATIVA ESTRATÉGICA DIFICULTÓ TODAS LAS MEDIDAS EFECTIVAS PARA ENVIAR MUNICIONES A FINLANDIA

El almirante Pound y yo esperábamos juntos, bastante preocupados, en la sala de guerra del Almirantazgo. Nos alegramos cuando a las tres de la mañana llegó la noticia de que habían encontrado y rescatado a trescientos prisioneros británicos a bordo. Eso era lo fundamental.

Como ya hemos visto, Hitler tomó la decisión de invadir Noruega el catorce de diciembre, y el Estado Mayor prosiguió su trabajo a las órdenes de Keitel. Sin duda, el incidente del *Altmark* sirvió de acicate. A instancias de Keitel, el veinte de febrero Hitler llamó urgentemente a Berlín al general Von Falkenhorst, que entonces comandaba un Cuerpo de Ejército en Coblenza. Falkenhorst había participado en la campaña alemana en Finlandia en 1918 y esa tarde discutió con Hitler, Keitel y Jodl los detalles del plan de operaciones para la expedición a Noruega que él mismo comandaría. La cuestión de las prioridades tenía suma importancia. ¿Hitler intervendría en Noruega antes o después de llevar a cabo el «Caso Amarillo», es decir, el ataque a Francia? El uno de marzo tomó una decisión: primero Noruega. El *führer* celebró una conferencia militar la tarde del dieciséis de marzo y, aparentemente, el día D se fijó, de forma provisional, para el nueve de abril.

Mientras tanto, los soviéticos concentraron el grueso de sus fuerzas sobre los finlandeses y redoblaron sus esfuerzos para atravesar la línea Mannerheim antes del deshielo [...]. Al cabo de diez días de intensos bombardeos de los cañones soviéticos, amontonados unos contra otros, comenzó el ataque principal de la infantería. Tras quince días de combates se abrió una brecha en la línea. Los ataques aéreos sobre Viborg, un fuerte y una base clave, aumentaron de intensidad. Al acabar el mes, el sistema de defensa de Mannerheim se había desorganizado y los rusos pudieron concentrar sus fuerzas en el golfo de Viborg. A los finlandeses les faltaban municiones y sus tropas estaban agotadas.

La honorable corrección que nos privó de toda iniciativa estratégica dificultó asimismo todas las medidas efectivas para enviar municiones a Finlandia. En cambio en Francia imperaba un sentimiento más cálido y profundo, muy fomentado por Daladier. El dos de marzo, sin consultar al gobierno británico, acordó enviar a Finlandia cincuenta mil voluntarios y un centenar de bombarderos. Sin duda, nosotros no podíamos actuar a esa escala y, teniendo en cuenta los documentos que se le encontraron al comandante alemán en Bélgica y los incesantes informes del servicio secreto acerca de la constante concentración de tropas alemanas en el frente occidental, esto superaba con creces los límites de la prudencia. No obstante, se aprobó el envío de cincuenta bombarderos británicos. El doce de marzo el Consejo de Ministros volvió a tomar la decisión de reactivar los planes de desembarcos militares en Narvik y en Trondheim, seguidos por Stavanger y Bergen, como parte de la ampliación de la ayuda a Finlandia a la que nos obligaban los franceses. Estos planes tenían que estar listos para entrar en acción el veinte de marzo, a pesar de que todavía no se había conseguido la autorización de Noruega ni de Suecia. Mientras tanto, el siete de marzo Paasikivi había vuelto a ir a Moscú, esta vez para discutir los términos del armisticio. El día doce, los finlandeses aceptaron las condiciones de los rusos. Otra vez se archivaron todos nuestros planes de desembarcos militares, y las fuerzas que se estaban reuniendo se dispersaron en cierta medida. Se autorizó a marchar a Francia a las dos divisiones retenidas en Inglaterra, y nuestra fuerza de ataque en dirección a Noruega se redujo a once batallones.

El colapso militar de Finlandia tuvo más repercusiones. El dieciocho de marzo Hitler se reunió con Mussolini en el paso del Brennero. Deliberadamente, Hitler le dio la impresión a su anfitrión italiano de que Alemania no tenía la menor intención de emprender una ofensiva terrestre hacia el oeste. El día diecinueve Chamberlain se dirigió a la cámara de los Comunes y, ante las crecientes críticas, repasó con bastante detalle la historia de la ayuda británica a Finlandia [...]. La derrota de Finlandia fue nefasta para el gobierno de Daladier, cuyo jefe emprendió una acción definida, aunque tardía, y personalmente había dado una importancia desproporcionada a esta parte de nuestras preocupaciones. El veintiuno de marzo se formó un nuevo Consejo de Ministros, con Reynaud al frente, que prefería dirigir la guerra de una manera cada vez más enérgica.

LA CANTIDAD DE DIVISIONES, «A PESAR DE LOS ESFUERZOS BRITÁNICOS», AUMENTABA CON MAYOR RAPIDEZ DEL LADO ALEMÁN QUE DEL NUESTRO

Mi relación con Reynaud partió de una base diferente de la que establecí con Daladier. A Reynaud, a Mandel y a mí, Munich nos había producido las mismas emociones; en cambio Daladier estaba del otro lado. Por eso quedé satisfecho con el cambio. Los ministros franceses vinieron a Londres para asistir a una reunión del Consejo Supremo de la Guerra, el veintiocho de marzo, que Chamberlain inauguró con una descripción completa y clara del panorama según su punto de vista. Dijo que Alemania tenía dos puntos débiles: el abastecimiento de hierro y el de petróleo, ya que las principales fuentes de suministro de estos productos se encontraban en extremos opuestos de Europa. El hierro le llegaba desde el norte. Expuso con precisión sus razones para proponer que se interceptara el suministro a Alemania de hierro procedente de Suecia. También se refirió a los yacimientos petrolíferos de Rumanía y Bakú, a los que se debía negar el acceso a Alemania, de ser posible por medios diplomáticos. Escuché su poderosa argumentación con creciente placer. No me había dado cuenta de hasta qué punto Chamberlain y yo estábamos de acuerdo.

Reynaud se refirió al impacto de la propaganda alemana sobre la moral francesa. La radio alemana bramaba todas las noches que el Reich no tenía nada en contra de Francia, que el origen de la guerra se encontraba en el cheque en blanco que Gran Bretaña le había dado a Polonia, que Francia había sido empujada a la guerra por pisarle los talones a Gran Bretaña e incluso que no se encontraba en posición de mantener la lucha. Aparentemente, la política de Goebbels con respecto a Francia consistía en dejar que la guerra siguiera su curso, al ritmo reducido de ese momento, contando con el creciente desaliento de los cinco millones de franceses llamados a filas y con el surgimiento de un gobierno francés dispuesto a llegar a un acuerdo con Alemania a expensas de Gran Bretaña.

Dijo que en Francia todo el mundo se preguntaba: «¿Cómo es posible que los aliados ganen la guerra?» La cantidad de divisiones, «a pesar de los esfuerzos británicos», aumentaba con mayor rapidez del lado alemán que del nuestro. Se mostró mucho más sensible a la cuestión de interrumpir el suministro de hierro sueco y manifestó que existía una relación directa entre el suministro a Alemania de hierro procedente de Suecia y la producción de la industria alemana del hierro y el acero. Llegó a la conclusión de que los aliados deberían colocar minas en las aguas territoriales a lo largo de la costa noruega y posteriormente obstaculizar mediante una acción similar el mineral que se transportaba desde el puerto de Lulea a Alemania; destacó además la importancia de dificultar el suministro a Alemania de petróleo rumano.

Al final se decidió que, tras enviar comunicaciones en términos generales a Noruega y a Suecia, el cinco de abril sembraríamos campos de minas en aguas territoriales noruegas. También se acordó que, si Alemania invadía Bélgica, los aliados entrarían en seguida en ese país, sin esperar una invitación formal, y que, si Alemania invadía Holanda, y Bélgica no acudía en su auxilio, los aliados considerarían que podían entrar en Bélgica con el fin de ayudar a Holanda.

Finalmente, como punto evidente en el que todos coincidíamos, el comunicado expresaba que el gobierno británico y el francés se habían puesto de acuerdo sobre la siguiente declaración formal:

Que durante la actual guerra no negociarían ni firmarían ningún armisticio ni tratado de paz si no era de mutuo acuerdo.

Este pacto adquirió posteriormente una importancia enorme.

El tres de abril el Consejo de Ministros británico puso en práctica la resolución del Consejo Supremo de la Guerra y se autorizó al Almirantazgo a minar la «vía de agua» de Noruega el ocho de abril. Bauticé la operación de minado con el nombre de «Wilfred», por ser en sí misma tan pequeña e inocente. Como el hecho de minar las aguas noruegas podía provocar una réplica por parte de Alemania, también se acordó enviar a Narvik una brigada británica y un contingente francés para despejar el puerto y avanzar hasta la frontera con Suecia. Se enviarían más fuerzas a Stavanger, Bergen y Trondheim para que el enemigo no pudiera tener acceso a estas bases.

Entonces empezaron a llegar malos augurios de diversa credibilidad. En esta misma reunión del gabinete de Guerra que se celebró el tres de abril, el secretario de Estado de Guerra nos dijo que la Oficina de Guerra había recibido un informe según el cual los alemanes estaban reuniendo numerosas tropas en Rostock con la intención de apoderarse de Escandinavia si fuese necesario. El ministro de Asuntos Exteriores dijo que las noticias procedentes de Estocolmo confirmaban en general este informe. Según la delegación sueca en Berlín, en Stettin y Swinemünde se concentraban embarcaciones alemanas que sumaban doscientas mil toneladas, con tropas a bordo que, según los rumores, ascendían a cuatrocientos mil hombres. Se insinuó que estas fuerzas estaban listas para lanzar un contragolpe ante un posible ataque nuestro a Narvik o a cualquier otro puerto noruego, lo que seguía poniendo nerviosos a los alemanes.

El jueves cuatro de abril, Chamberlain pronunció un discurso de inusitado optimismo. Según declaró, Hitler había «perdido la oportunidad». En siete meses, habíamos logrado superar nuestra debilidad y aumentado enormemente nuestra capacidad de combate. En cambio, Alemania se había preparado tanto que tenía un margen de maniobra muy estrecho al que poder recurrir.

Esta afirmación resultó un error de cálculo. La hipótesis fundamental de que nosotros y los franceses éramos relativamente más fuertes que al comienzo de la guerra no tenía sentido. Como ya hemos explicado, los alemanes se encontraban en el cuarto año de intensa fabricación de municiones mientras que nosotros nos encontrábamos en una etapa muy anterior, probablemente comparable al aprovechamiento de un segundo año. Asimismo, con cada mes que pasaba, el Ejército alemán, que ahora tenía cuatro años, se convertía en un arma más madura y más perfeccionada, y la ventaja previa del Ejército francés en cuanto a entrenamiento y cohesión se esfumaba rápidamente. Todo quedaba en suspenso. Los distintos recursos menores que pude sugerir habían obtenido aceptación, pero ninguna de las dos partes había hecho nada importante. Nuestros planes, tal como estaban, consistían en imponer el bloqueo minando el corredor noruego en el norte y dificultando el suministro de petróleo a Alemania por el suroeste. Detrás del frente alemán reinaban la inmovilidad y el silencio más absolutos. De pronto, la política pasiva o a pequeña escala de los aliados fue arrasada por un torrente de sorpresas violentas. Ahora veríamos lo que significa la guerra total.

Capítulo XX del Libro I *El camino hacia el desastre* (1910-10 de mayo de 1940), texto extractado de las memorias de Sir Winston Churchill *The Second World War*, procedente de la edición española de La Esfera de los Libros (2001).

LA URSS CONTRA FINLANDIA

"El Presidente de la República me ha nombrado el 30.11.1939 Comandante en Jefe de las fuerzas armadas del país. ¡Bravos soldados de Finlandia! Comienzo esta tarea en un tiempo en que nuestro enemigo hereditario ataca una vez más nuestro país. La confianza en uno mismo es la primera condición para el éxito. Vosotros me conocéis a mí y yo os conozco a vosotros y sé que cada uno en su puesto está listo para cumplir con su deber incluso hasta la muerte. Esta guerra no es otra cosa que la continuación y el acto final de nuestra Guerra de Independencia. Luchamos por nuestros hogares, nuestra fe y nuestro país."

(Carl Gustav Emil Mannerheim, de su discurso de aceptación del cargo de comandante en jefe para dirigir la Guerra de Invierno.)

Cuando a finales de noviembre de 1939 la Unión Soviética invadió Finlandia, iniciándose la llamada Guerra de Invierno, pocos fueron los políticos expertos en política internacional a los que cogió por sorpresa. Ante todo había una larga disputa territorial sobre los más de 1.500 km de frontera que se remontaban a siglos atrás, cuando suecos y rusos competían por ver quién se quedaba con mayores zonas de influencia, y en dónde se enmarcaba la tradicional búsqueda de Rusia de una salida al Báltico. A partir de las guerras napoleónicas, Finlandia, hasta entonces en manos suecas, queda incorporada al Imperio Ruso como Gran Ducado, pero durante el siglo XIX el nacionalismo también prendió en el país, surgiendo un poderoso movimiento independentista que abogaba por la emancipación respecto a Rusia.

La descomposición del estado que se produjo con la revolución bolchevique de 1917 propició el salto a la independencia. Sin embargo, el coste fue importante, porque se produjo mediante la

COLUMNA DE CARROS SOVIÉTICOS T-26 capturados por los finlandeses en la batalla de Suomussalmi, que se desarrolló entre diciembre de 1939 y enero de 1940. La invasión de Finlandia no fue, como esperaban, un paseo para los soviéticos, que pensaban ser recibidos como libertadores.

SOLDADOS DE INFANTERÍA SOVIÉTICOS en un desfile militar en la plaza Roja de Moscú en 1941 presidido por sendos retratos de Lenin y Stalin. Las demostraciones del poderío militar constituían una de las formas de exaltación patriótica predilectas del régimen.

victoria y posterior represión de las derechas sobre los bolcheviques fineses en una cruenta guerra civil ganada, en buena medida, gracias al apoyo alemán, que produjo más de 40.000 muertes. No obstante la necesidad de estabilidad de la Rusia soviética, inmersa en sus duros conflictos con las fuerzas blancas y sus apoyos extranjeros, propiciaron un acuerdo fronterizo en octubre de 1920 que permitió ampliar a Finlandia unos kilómetros sus fronteras hacia el este. En 1932 se refrendó el tratado con un pacto de no agresión que se renovó dos años después, aunque la mutua animosidad y desconfianza persistieron entre ambos países.

Una de las causas es el hecho de que en la década de 1930, conforme a las tendencias generales de Europa, surgió en el país un importante movimiento político de tendencias fascistas, el llamado Movimiento Lapua, que

alimentaba el nacionalismo finés reclamando la incorporación de nuevos territorios rusos a la Gran Finlandia en base a que en ellos se hablaba una lengua similar. Aunque no había sido fundado hasta noviembre de 1929, su origen estaba en los guardias blancos, que habían vencido a los comunistas en la guerra civil años atrás, y que enseguida adoptaron los elementos más significativos de la doctrina fascista. Su origen y su nombre aparecen en esa fecha, cuando un grupo de ultraderechistas asalta un mitin comunista que se desarrollaba en el norteño pueblo de Lapua. Su objetivo era erradicar el comunismo de Finlandia por cualquier medio, por lo que sus actividades estuvieron marcadas, desde el primer momento, por la violencia, comenzando a atacar a los líderes izquierdistas, a irrumpir violentamente en los mítines y las asambleas obreras y a asaltar las redacciones de los diarios y revistas de izquierdas, tanto comunistas como socialdemócratas.

El Partido Comunista es ilegalizado

En 1930 los fascistas finlandeses consiguieron que se ilegalizase el Partido Comunista pero, yendo más lejos en su política terrorista, llegaron a secuestrar al ex presidente de la República Kaarlo Stahlberg, lo que les generó una decidida hostilidad popular. Deseosos de encontrar un *Führer* finlandés, le ofrecieron el cargo a Mannerheim, quien, a pesar de su ideología conservadora, declinó el ofrecimiento. Sus presiones fueron cada vez más importantes, llevando el país al borde de una crisis institucional. En 1932 estuvieron a punto de perpetrar un golpe de estado, que impidieron el presidente de la República y el ejército, ilegalizándose posteriormente el partido. Sin embargo, las doctrinas fascistas siguieron estando presentes bajo otras siglas y tuvieron especial éxito entre las clases medias finlandesas.

Es en estos años de creciente tensión cuando bajo la dirección de Mannerheim se fortifica el istmo de Carelia, se intenta pertrechar mejor sus escasas fuerzas armadas y se estudian los procedimientos para la rápida movilización de todos los hombres aptos para la guerra, al tiempo que se desarrollan planes de defensa basados en el conocimiento del terreno y en la adaptación a la peculiar y dura orografía del país nórdico.

Ante esta evolución política que se desarrolla en el país vecino, en la Unión Soviética el recelo también va en aumento. El anticomunismo del gobierno finés y las ansias expansionistas de algunos sectores que se inspiraban abiertamente en la Alemania nazi les mantiene en alerta. Sobre todo porque temen que Finlandia se convierta en una magnífica plataforma desde la que las fuerzas alemanas puedan atacar a la URSS pues, no en vano, Leningrado, la cuna de la revolución, está sólo a unos 30 km de la frontera. Los soviéticos, escarmentados del intervencionismo occidental durante su revolución, quieren impedir cualquier posible repetición. Para tratar de reducir este riesgo, en 1938, Stalin propone un intercambio de territorios que supone el retroceso de la frontera finesa cercana a dicha ciudad, lo que los nórdicos, muy celosos de su territorio, rechazan de plano. Años más tarde, tras la Segunda Guerra Mundial, los mismos políticos finlandeses reconocerían que, a la vista de la ofensiva alemana desatada en 1941, los recelos y las exigencias soviéticas eran hasta cierto punto comprensibles, considerando un error no haber cedido desde el primer momento a sus pretensiones.

Sin embargo es el tratado germano-soviético de agosto de 1939, concretamente sus cláusulas secretas, lo que altera el equilibrio internacional en la zona y permite explicar la guerra que estaba a punto de estallar. Para alivio de Stalin, el pacto entre Ribbentrop y Molotov les deja las manos libres para poner bajo su influencia tanto a Polonia oriental como a las repúblicas bálticas, incluyendo Finlandia, y decide aprovecharlo a toda prisa para crear un cordón sanitario que les proteja de posibles invasiones.

EL TRATADO GERMANO-SOVIÉTICO DE AGOSTO DE 1939, CON SUS CLÁUSULAS SECRETAS, ALTERA EL EQUILIBRIO INTERNACIONAL EN LA ZONA

A principios de octubre de ese año, la Unión Soviética, muy preocupada ante la expansión del nazismo en Europa, vuelve a hacer un ofrecimiento a Finlandia: pide que se les ceda unos 2.800 km^2 de la zona del istmo de Carelia más próxima a Leningrado. A cambio, ofrece ceder el doble de territorio de la Carelia oriental, más al norte. Además, solicita el arriendo temporal de una base naval en Hanko, península del sur de Finlandia, en la boca del golfo del mismo nombre donde desemboca el río Neva, así como el control de ciertas islas ubicadas en el mismo, cerca de Leningrado, y otros territorios del norte. También ofrece un acuerdo de mutua defensa y el desmantelamiento conjunto de las defensas entre los dos países. El objetivo es doble: por un lado, impedir, o dificultar, que desde Finlandia se les pueda atacar, y, por otro, mantener abiertas las comunicaciones por el Báltico y el Ártico evitando que sus puertos puedan ser bloqueados o tomados por una armada enemiga.

Al presidente finlandés, y al mismo jefe del ejército, Mannerheim, no se les escapa que, debido al pacto con Alemania, el ofrecimiento tiene un carácter de ultimátum, y son partidarios de negociarlo ante el coste mucho mayor que puede suponer una guerra. No obstante, el parlamento, apoyado en una opinión pública claramente antisoviética y nacionalista, rechaza de nuevo la propuesta. Argumenta, y no le falta razón, que la zona

| PURGAS DE STALIN | 1937-1941 |

EL EJÉRCITO ROJO AJUSTICIA A MILITARES ACUSADOS DE TRAICIÓN

El fracaso de la invasión soviética sobre Finlandia en el invierno de 1939 cabe atribuirlo sobre todo, y sin despreciar la resistencia finlandesa, a la falta de preparación del Ejército Rojo. Las causas de ello hay que buscarlas, a su vez, en las grandes purgas que, desde 1937, Stalin había desatado contra los mandos militares, temeroso de que pudiesen atentar contra su poder y que, en el momento de iniciarse la invasión, aún estaban teniendo lugar. Hoy está demostrado que los servicios secretos alemanes facilitaron falsos informes sobre presuntas traiciones que alimentaron la desconfianza del líder soviético.

El resultado fue la expulsión del ejército de unos 38.000 oficiales y comisarios, de los que unos 11.000 fueron procesados. Especialmente sangrienta fue la depuración entre los altos mandos que se habían curtido en la guerra civil bajo las órdenes de Trotsky, como el mariscal Tujachevsky en verano de 1937, que por ello y desde entonces se había ganado la desconfianza del dictador. Junto a él cayeron dos mariscales más, 11 comisarios generales, los comandantes de distrito en su totalidad, los jefes de estado mayor de las distintas armas y cientos de generales. El resultado fue el descabezamiento absoluto de la totalidad de las fuerzas armadas. Entre ellos estaban los profesionales más curtidos y preparados, que eran al mismo tiempo los que más habían estudiado las nuevas doctrinas que exploraban las posibilidades de las unidades blindadas y la aviación en la guerra moderna que se avecinaba. De esta manera mandos poco imaginativos, repitiendo las obsoletas estrategias de la Primera Guerra Mundial basadas en el lanzamiento masivo de oleadas de hombres, fueron los encargados de dirigir la ofensiva sobre Finlandia, marginando todas las teorías innovadoras del mariscal Tujachevsky.

SOLDADOS SOVIÉTICOS de la 1ª División de Rifles, en la plaza Roja de Moscú, la capital de la URSS, el día de la conmemoración del 1 de Mayo, en 1938.

Así, en contra de lo que sólo unos dos meses antes habían demostrado los alemanes en Polonia, en el momento de iniciarse la guerra los carros de combate fueron relegados a ser usados meramente como auxiliares de la infantería y la aviación también tuvo un papel totalmente descoordinado en las ofensivas terrestres, centrando sus misiones, sobre todo, en el bombardeo de la retaguardia finlandesa. Sólo la enorme superioridad de reservas por parte soviética fue lo que decidió finalmente su victoria final, aunque a un precio elevadísimo. [J.C.L.]

del istmo de Carelia que se entregaría a la URSS es rica, está densamente poblada y supone una buena barrera defensiva, que no es compensada por la que se recibiría a cambio, una zona esteparia, con muy escasa agricultura y sin ninguna instalación industrial ni riqueza mineral.

La negativa de Finlandia, que invoca su tradicional neutralidad, no es aceptada por Stalin, que, en contraste, había visto cómo el resto de repúblicas bálticas cedían a sus pretensiones. Por ello comienza a preparar la invasión de Finlandia y a urdir una excusa que le permita la declaración de hostilidades. No obstante, desde mediados del mes de octubre hasta el 12 de noviembre, los delegados en Moscú del gobierno finlandés hicieron varios gestos para apaciguar a la URSS, ofreciendo ceder alguna isla y territorio ártico, rectificar ligeramente la frontera de Carelia, así como redactar un nuevo tratado que establezca más rotundamente que ninguno de los dos estados podía apoyar a un tercero en caso de agresión contra uno de ellos. Pero

EL CANCILLER DE LA URSS VIACHESLAV MOLOTOV FIRMA el acuerdo de colaboración entre Rusia y Finlandia, en diciembre de 1939, en presencia –de izquierda a derecha– de Andrei Zhadanov, Kliment Voroshilov, Stalin y el ministro de Exteriores finlandés Otto Kuusinen.

para Stalin y Molotov no es suficiente, por lo que, confiados en su superioridad militar, se lanzan a preparar la guerra creyendo, en un exceso de confianza, que será un paseo militar. Sin embargo, este pecado no es sólo patrimonio de los soviéticos, pues los finlandeses también creían que en caso de que la Unión Soviética les invadiese las potencias occidentales, con Gran Bretaña y Estados Unidos a la cabeza, acudirían en su ayuda.

El 26 de noviembre se produce el *casus belli* desencadenante de la contienda. En un claro montaje, la aldea fronteriza rusa de Mainila, en el istmo de Carelia, cerca de Leningrado, es bombardeada por tropas soviéticas que a su vez aseguran que ha sido un ataque finlandés y que ha causado varios muertos entre sus hombres. La denuncia del presunto ataque va acompañada del ultimátum para que Finlandia haga retroceder 25 km sus fronteras y que se disculpe por la agresión. Ésta no sólo se niega a aceptar estos términos sino que anuncia que tiene pruebas de que el ataque ha sido orquestado por soldados rusos, concretamente por una batería artillera. No obstante, afirma que está dispuesta a que ambos ejércitos desmilitaricen la frontera y se retiren 20 km de la misma, cosa que indigna a los jerarcas soviéticos, que afirman que aceptar una mutua retirada sería desproteger todo el territorio entre Finlandia y Leningrado dejando esta ciudad poco menos que abandonada a su suerte. El día 29, mientras Estados Unidos se ofrece como mediador ante el inminente conflicto, el canciller de Stalin, Viacheslav Molotov, denunciaba el pacto de no agresión de 1932 y rompía las relaciones diplomáticas; al día siguiente, el 30 de noviembre, comenzaba la guerra.

Los acontecimientos se sucedieron rápidamente. El 1 de diciembre, en una pequeña franja de terreno que acababan de conquistar, los soviéticos crearon un gobierno títere encabezado por el comunista finlandés Otto Kuusinen, en el exilio desde 1918, que sólo fue reconocido por la Unión Soviética. Rápidamente Viacheslav Molotov firmó con él un tratado de mutuo apoyo en virtud del cual se produjo la invasión militar con el fin de "liberar" el resto del país.

Una ola de solidaridad

La invasión soviética supuso una verdadera conmoción internacional; tanto, que casi se olvidó que Alemania había invadido Polonia pocos meses antes y que estaba en guerra contra Francia y Gran Bretaña. Sin duda, la Unión Soviética era un enemigo mucho más cómodo y concitaba más unanimidades que los alemanes porque el anticomunismo estaba mucho más extendido por Europa y por Estados Unidos que el antifascismo.

Mientras tanto, fue creciendo la ola de solidaridad con los agredidos, lo que contrastaba con la pasividad y timidez que se mostró ante la invasión de Polonia por parte de Hitler. De esta manera, comenzaron a sucederse muestras de apoyo hacia Finlandia desde todo el mundo y ya el día 2 de diciembre el Vaticano condenó tajantemente la invasión soviética. El 6, Mussolini anunció el envío de 50 aviones Fiat y cientos de voluntarios a luchar en las filas del ejército finlandés. Por la rapidez y la facilidad con que podían hacerse llegar, fueron los aviones con sus pilotos los que más rápidamente acudieron a reforzar a los combatientes. Un mes después, Gran Bretaña comenzó a enviar aparatos que alcanzaron el número de

77, Francia, 36, Sudáfrica 24, así como algunas pocas unidades procedentes de Canadá y Dinamarca, aunque bastantes de ellos no pudieron llegar hasta el fin de la contienda y algunos se perdieron por el camino. Todos estaban pilotados por aviadores profesionales de excelente preparación, siendo abatidos y muertos varios de ellos.

Especialmente importante fue el apoyo y simpatía que la causa finesa despertó en Estados Unidos. El día 10 aprobó el envío urgente de alimentos valorados en 10 millones de dólares, a los que siguieron 50 aviones una semana después. Mientras tanto estudiaban la petición de un préstamo de 60 millones de dólares que les solicitó el gobierno finlandés. Al mismo tiempo, el día 9, 100 voluntarios fineses residentes en Norteamérica salieron del puerto de Nueva York. El compositor Jean Sibelius, por entonces residente en América y uno de los máximos exponentes del nacionalismo musical de Finlandia, se apresuró a hacer un llamamiento de ayuda que recibió inmediatas muestras de simpatía. Por aquellos días, además, el boxeador finés Gunnar Bärnud cosechó en los cuadriláteros americanos tal éxito, que le llevó a anunciar la entrega de una parte sustanciosa de sus ganancias a la causa de su patria, lo que imitaron otros deportistas y actores de Hollywood.

EL DÍA 10 DE DICIEMBRE, ESTADOS UNIDOS APROBÓ EL ENVÍO DE ALIMENTOS VALORADOS EN 10 MILLONES DE DÓLARES, A LOS QUE SIGUIERON 50 AVIONES UNA SEMANA DESPUÉS

A los pocos días, el ex presidente estadounidense Herbert Hoover se puso al frente de una comisión de apoyo que encauzó los 30 millones de dólares, que se recaudaron tanto desde las esferas oficiales como privadas, mientras el nombre de su hijo mayor comenzaba a sonar como el que encabezaría una expedición militar voluntaria de apoyo.

Como no podía ser de otra manera, la Sociedad de Naciones con sede en Ginebra reaccionó con igual contundencia y el día 14 expulsó a la Unión Soviética mientras solicitaba ayuda internacional para el país agredido. Los países sudamericanos reaccionaron, curiosamente, con rápidas y pintorescas medidas. Días antes Argentina se había apresurado a enviar 50.000 t de trigo, Brasil 60.000 sacos de café, mientras que Ecuador, Chile, Bolivia, Haití, Venezuela, Perú, Uruguay, Paraguay y México se sumaban a la ratificación de la petición de expulsión de la URSS de la Sociedad de Naciones. En esas mismas fechas de diciembre, diez escritores rusos exiliados en París, encabezados por el premio Nobel de 1933 Iván Bunin, también emitieron un comunicado de condena por la invasión soviética.

El movimiento solidario que se desencadenó internacionalmente lleva a recordar, en parte, al surgido cuando se enviaron las Brigadas Internacionales que apoyaron a la II República española, aunque las motivaciones ideológicas fueran distintas. El resultado fue que llegaron a Finlandia voluntarios de 26 países distintos, incluyendo a decenas de mujeres en tareas sanitarias. 9.000 suecos, 1.000 noruegos, otros tanto daneses, 800 húngaros, centenares de británicos, rusos exiliados e italianos, así como también franceses, sudafricanos, polacos, canadienses, holandeses..., acudieron a las llamadas del gobierno finés, que acabó creando, en enero de 1940, una legión extranjera con esa masa de voluntarios. Entre

CARTEL DE PROPAGANDA FRANCÉS con la leyenda: "Venceremos porque somos más fuertes" para animar a la población a suscribir bonos para la financiación de armamento (1940).

los que se presentaron a alistarse y llegaron a Suecia, aunque al final no entraron en combate, estaban el futuro actor británico Christopher Lee y el príncipe Ferdinand de Liechstenstein. Igualmente, la princesa Juliana y el príncipe Bernardo de los Países Bajos entregaron mil florines a la Cruz Roja de Finlandia.

Ciertamente la agresión contra Finlandia permitió que todas las tendencias anticomunistas, desde las más moderadas, estéticas y aristocráticas, hasta las más fascistas y radicales, convergiesen en una causa que se estaba convirtiendo en una especie de cruzada de amplio espectro contra los bolcheviques. El apoyo a la resistencia a ultranza vino, incluso, de miles de comunistas finlandeses que desde el fin de la guerra civil en 1918 se habían exiliado en la URSS, pero que habían sido víctimas en buena medida, en los años inmediatamente anteriores, de las purgas estalinistas llevadas a cabo desde 1937, por lo que muchos volvieron a Finlandia a empuñar las armas.

En este movimiento tuvo gran importancia la prensa conservadora internacional, y fueron muchos los comentaristas políticos que llamaron a olvidar la agresión nazi a Noruega de 1940 y que todas las potencias aliadas orientasen la guerra hacia la Unión Soviética, hacia el este, en vez de castigar a Europa Occidental con ella. De esta manera, decían, se podía acabar para siempre con la amenaza comunista en el mundo,

considerando que la invasión de Polonia era un problema menor que se podía solucionar entre los occidentales sin necesidad de recurrir a las armas. El mismo *Duce*, a finales de 1939 y principios de 1940, se mostró partidario de ello en su correspondencia con Hitler, pues temía, como así sucedió, que una guerra centrada en la esfera atlántica supusiese la intervención final de Estados Unidos en la contienda. Esta opción

ARTILLERÍA DE CAMPAÑA FINLANDESA en el verano de 1939. El grado de motorización del ejército finlandés era mínimo, pero sabrían sacar partido a sus escasas piezas.

también la apoyaban los países escandinavos, que veían con pánico cómo el desarrollo de la aún incipiente Segunda Guerra Mundial les podía coger entre dos fuegos. Tampoco faltaron en Francia y Gran Bretaña sectores políticos que apoyaron estas tesis, llegándose incluso a especular con un ataque a la URSS por parte de Francia a través del Cáucaso, que supusiese el bombardeo de los pozos petrolíferos de Bakú, o mediante un desembarco en Crimea, que acometería el general Maxime Weygand, que era entonces jefe máximo de las fuerzas francesas en el Mediterráneo Oriental, así como el bloqueo del puerto ártico de Murmansk, que protagonizarían fuerzas británicas. Sin embargo, todas estas propuestas quedaron en humo y nada se concretó.

El apoyo de Suecia

Especialmente importante fue la ayuda de Suecia y su aportación fue, sin duda, la mayor de todas: casi 9.000 hombres acudieron al combate. Entre ellos estaba el futuro premio Nobel de Literatura, Harry Martinson. Los lazos históricos y culturales entre ambos pueblos eran importantes, y las ideas filonazis también habían prendido con fuerza en el país escandinavo, por lo que rápidamente se multiplicaron las ayudas a sus vecinos finlandeses. En respuesta a ello, a finales de diciembre el gobierno sueco ya había aprobado dejar libre tránsito a las fuerzas británicas y francesas que fuesen a socorrer a Finlandia. En los últimos días de 1939, 150 ambulancias suecas con su correspondiente personal sanitario, fueron enviadas al frente de guerra. Poco después, el 4 de enero de 1940, partía el primer contingente de voluntarios a despecho de las quejas rusas.

LOS ‘MOTTIS’: LUCHA DE GUERRILLAS EN CONDICIONES EXTREMAS

El ejército finlandés encontró la forma de enfrentarse al avance soviético en la guerra de guerrillas. Atacaba los convoyes de abastecimiento del Ejército Rojo aprovechando su movilidad y conocimiento del terreno.

Los finlandeses efectuaban rápidos ataques contra los grupos de soldados rusos, utilizando la gran potencia de fuego que sus subfusiles Suomi les proporcionaban. Causaban algunas bajas, incendiaban varios vehículos y se retiraban antes de que los soviéticos pudieran reaccionar a estos ataque relámpago y contraatacar.

Los soviéticos utilizaban camiones para transportar los pertrechos, que resultaron inútiles fuera de las estrechas carreteras.

Los carros de combate soviéticos apenas podían maniobrar y muchos eran incendiados, o quedaban fuera de combate, utilizando granadas de mano y cócteles Molotov.

Los caballos, el otro puntal del transporte ruso, también se revelaron muy vulnerables a la adversa climatología y, por supuesto, al fuego enemigo.

Los soldados finlandeses se aproximan a través de los bosques, utilizando sus esquís, silenciosa y rápidamente, evitando a los escasos y desorientados centinelas rusos.

Los soldados soviéticos estaban asustados y desorientados, en medio de los espesos bosques del centro de Finlandia, y eran fácilmente sorprendidos por los ataques relámpago.

LOS 'MOTTIS'

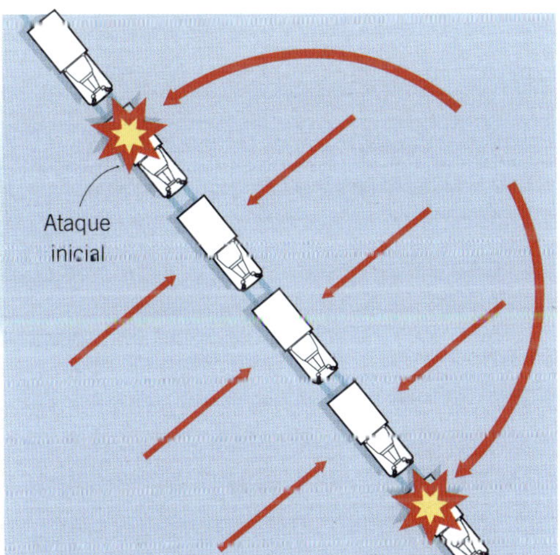

Los finlandeses atacaban las formaciones rusas por los flancos, dividiéndolas en grupos o 'mottis' para eliminarlos uno a uno.

EQUIPAMIENTO

Las unidades que llevaban a cabo estos ataques relámpago se caracterizaban por su agilidad, llevando sólo armamento ligero para no mermar su movilidad.

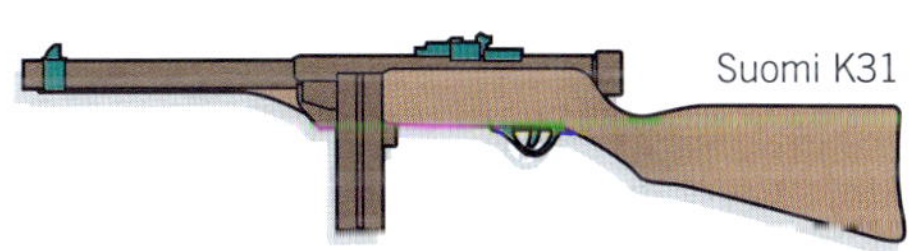

El subfusil Suomi K31 es una versión finlandesa de la Bergman MP 34.

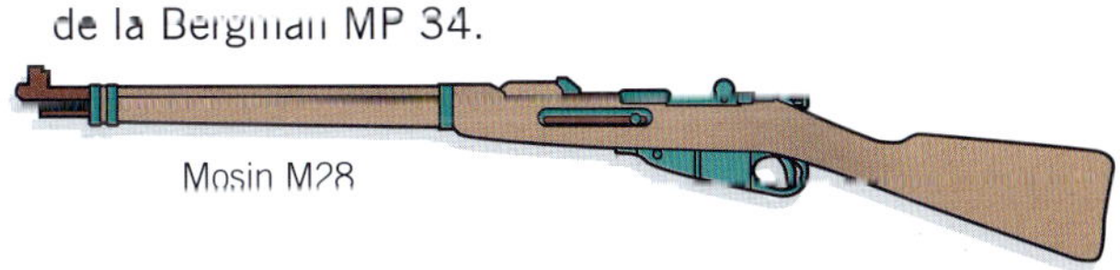

El Mosin-Nagant es un fusil accionado por cerrojo con cargador para cinco cartuchos de fabricación soviética.

Una semana después era toda una escuadrilla de aviones, con 12 cazas y cuatro bombarderos con sus respectivas tripulaciones, la que partía para el frente, en el que llegaron a realizar unas 470 misiones. Al mando de una de ellas estaba el pionero de la aviación sueca, el conde Carl Gustav von Rosen, que curiosamente era sobrino político del jefe de la *Luftwaffe* Hermann Goering, aunque no compartía su ideología. Al mismo tiempo, los suecos fueron entregando abundante cantidad de armas ligeras y munición.

EL ESCUDO de "las armas del león" es el blasón de Finlandia desde que ésta consiguiera su independencia del estado sueco en 1917.

La sociedad civil sueca también se movilizó. Cientos de intelectuales firmaron un manifiesto pidiendo apoyo a la causa. La famosa actriz Greta Garbo era una de ellos, y donó 5.000 dólares a una suscripción que se había abierto. En este ambiente de solidaridad no es extraño que más de 10.000 familias se ofrecieran para acoger a las mujeres y niños evacuados, ni que una verdadera fiesta se organizase cuando llegó a la frontera el escritor finlandés Frans Eemil Sillanpää a recoger el premio Nobel de Literatura concedido poco antes.

La paradójica neutralidad alemana

En cuanto a Alemania, por mucho que simpatizara con los finlandeses y desease la derrota rusa, se abstuvo de enviar cualquier tipo de ayuda aunque Goering, con importantes vínculos en Suecia a causa de su matrimonio, envió alguna remesa de armas como contrabando. Curiosamente era la potencia que más estaba en las antípodas ideológicas la que guardaba una más estricta neutralidad. Deseaba mantener, por el momento, el acuerdo con los soviéticos y eso le llevó por requerimiento de éstos a bloquear el material que su aliada la Italia fascista había enviado, sin que las quejas de Mussolini sirviesen de nada. También a Finlandia, si quería mantener el apoyo y simpatía de casi todas las potencias, le interesaba mantener las distancias con Hitler y que su guerra no se viese mezclada en la que sus vecinos de la orilla sur del Báltico habían desencadenado invadiendo Polonia. Sabía que si quería contar con posibilidades de éxito en su resistencia, sus apoyos debían venir de los aliados y, por ello, no podía aceptar un solo cartucho de los alemanes.

Sin embargo los alemanes no estaban dispuestos a que Suecia fuese hollada por el pie de ningún aliado con la excusa de la guerra de Finlandia. Aunque su pacto de agosto con la URSS le impedía apoyar a los fineses, a todas luces deseaba su fracaso militar, pero no al precio de tener encima de ella a los aliados. Era evidente que si británicos y franceses llegaban a Escandinavia, más que apoyar a Finlandia, iban a cortar las vías de suministro de las materias primas, especialmente el hierro, que importaban de Suecia y Noruega. Por ello Hitler amenazó a Suecia con la guerra si dejaba vía libre a la ayuda militar, por lo que los suecos se vieron obligados a dar marcha atrás en varias de sus medidas e incluso a retirar oficialmente a los miles de voluntarios del frente de batalla, gracias a lo cual sus muertos no llegaron al centenar. Esta retirada no fue comprendida por los finlandeses, que la consideraron

| CARL GUSTAV VON ROSEN |
| 1909-1977 |

PIONERO DE LA AVIACIÓN SUECA

El conde von Rosen fue uno de los voluntarios suecos más famosos de los que participaron en la guerra de Finlandia, y que en el futuro seguiría siendo protagonista en los conflictos internacionales. Nació en Suecia en 1909 heredando de su padre, quien había sido explorador, el espíritu aventurero. Desde joven se interesó por los aviones, sobre todo a raíz del matrimonio de su tía Carin, en 1920, con el as de la aviación alemana de la Primera Guerra Mundial, Hermann Goering. Comenzó trabajando como mecánico y luego como piloto acrobático en un circo. Ante la invasión italiana de Abisinia ayudó en misiones de socorro de la Cruz Roja a los invadidos, sufriendo varios ataques de la aviación fascista. Poco después formó parte de la línea aérea holandesa KLM, casándose en los Países Bajos. Al estallar la guerra de Finlandia no dudó en alistarse y participar en misiones de bombardeo contra los soviéticos, llevando con él tres aviones que había pagado de su bolsillo. Cuando los alemanes invadieron Holanda, donde había vuelto y residía, emigró a Gran Bretaña y pidió alistarse en la RAF, pero fue rechazado debido a su parentesco con Goering, pilotando durante esos años el vuelo comercial de KLM entre Lisboa y Londres. Durante su residencia en Gran Bretaña, parte de la familia de su mujer fue asesinada por los nazis en Holanda por ser resistentes.

CARTEL DE PROPAGANDA de la compañía de aviación holandesa KLM en la que trabajó von Rosen antes de convertirse en piloto de caza de la aviación finlandesa.

Al acabar la guerra volvió a Etiopía para convertirse en instructor de sus fuerzas aéreas y, poco después, se convirtió en ayudante y piloto del secretario de las Naciones Unidas, el también sueco Dag Hammarskjöld. Siguió con su carrera de aviador en África participando otra vez en misiones de socorro en la guerra de Biafra y también en acciones de guerra, pues apoyó la causa de los rebeldes y dirigió, con siete avionetas civiles de fumigación a las que sustituyó los depósitos de insecticida por cohetes, un devastador ataque contra los modernos reactores de las fuerzas aéreas nigerianas. Años más tarde, en 1977, volvió a participar en la guerra de Ogaden, entre Etiopía y Somalia, efectuando nuevamente vuelos de ayuda a los refugiados, encontrando esta vez la muerte causada por un ataque somalí. Está enterrado en Adis Abeba. [J.C.L.]

prácticamente una traición, lo que resucitó de nuevo la tradicional desconfianza de los fineses hacia sus anteriores colonizadores. El 15 de febrero de 1940, Suecia, obligada por las amenazas alemanas, comunica oficialmente que denegaba su suelo como corredor de la ayuda bélica a Finlandia.

Era evidente que los condicionamientos de la política estaban comenzando a romper la solidaridad internacional por parte de los gobiernos, por más que ella persistiera entre las opiniones públicas. Esta situación era desesperante para el gobierno de Finlandia que, viéndose cada vez más desbordada por los invasores, precisaba de mayores y urgentes refuerzos, en hombres y armamento, para compensar la tremenda inferioridad numérica ante los soviéticos. En un último esfuerzo, el gobierno finlandés trató que Suecia y Noruega cambiaran su postura, pero todo fue inútil.

GRACIAS AL MOVIMIENTO SOLIDARIO LLEGARON A FINLANDIA VOLUNTARIOS DE 26 PAÍSES, INCLUYENDO MUJERES EN TAREAS SANITARIAS

El 26 de febrero, abrumado por el agotamiento militar y aconsejado por Mannerheim, el primer ministro Risto Ryti pidió un armisticio. Molotov lo aceptó, pero reiteró sus peticiones efectuadas meses atrás, sólo que incrementadas y sin ninguna contrapartida territorial. Ante la dureza de las condiciones Finlandia trató de lograr una rápida intervención aliada que la salvase de la irremediable derrota, pero entonces los acontecimientos se precipitaron. Suecia y Noruega, atemorizadas por las advertencias alemanas y soviéticas y viendo que las promesas de ayuda aliadas eran sobre todo verbales, decidieron dejar clara su postura y ratificaron su neutralidad, lo que significaba dejar de colaborar para que cualquier refuerzo de hombres o material llegase a través de su territorio. Esta postura se hizo aún más rotunda y oficial cuando el 27 de febrero, en Copenhague, representantes de estos dos países, junto con Dinamarca, acordaban no intervenir en la guerra. La decisión sorprendió a contingentes de voluntarios extranjeros que se encontraban de camino hacia Finlandia, que tuvieron que volver a sus países de origen nada más llegar a Suecia o Noruega.

Cuando ese día 27 se supo que Suecia y el resto de estados escandinavos daban marcha atrás en su apoyo, Mannerheim planteó a los dirigentes políticos de su país la urgencia de proponer a los soviéticos conversaciones de paz, pues veía la guerra irremediablemente perdida en pocas semanas. Así se lo comunicaron a los soviéticos y enseguida comenzaron los contactos a través de las respectivas delegaciones en Suecia. Sin embargo, Francia y Gran Bretaña estaban interesadas en que el conflicto se prolongase. En ese momento veían a la URSS como un aliado de Hitler y un más que potencial enemigo, por lo que para ellos era muy importante que siguiese desgastándose militarmente. Por ello no deja de ser curioso y muy hiriente para Finlandia que fuera a finales de febrero y principios de marzo de 1940, cuando ésta ya estaba en conversaciones sobre los términos de la paz con los soviéticos, que Suecia y Noruega anunciasen el cierre de sus fronteras, en el momento en que franceses y británicos hablaban del envío de, nada menos, que 300 millones de libras, 200.000 hom-

LOS BOMBARDEOS SOVIÉTICOS causaron graves daños en la ciudad de Helsinki en enero de 1940.

bres y cientos de aviones en su apoyo, sin importarles las reacciones alemanas.

Sin embargo era evidente que Finlandia no podía esperar más tiempo la ayuda y tuvo que negociar la paz, pues estaba a punto de ser arrollada militarmente. A pesar de ello los aliados insistieron, y desde el 2 hasta el 8 de marzo, cuando las conversaciones con la URSS estaban ya muy avanzadas, ofrecieron a Finlandia que si las rompía les enviarían ayudas masivas en forma de soldados y material de guerra. Durante unos días pareció que estas ofertas hicieran titubear al gobierno, pero al final, Mannerheim y el gobierno

finés, hartos de cantos de sirena y sabiendo que cada día de demora les costaba hombres y sufrimiento, decidieron firmar la paz de una vez. Aunque la derrota total era cosa de semanas, aún no estaban vencidos por lo que era posible lograr una paz en unas condiciones que, de esperar más, sería imposible. Era mejor perder una parte del territorio y limitar el número de víctimas, que sufrir un colapso total. Esta lógica idea que era abrumadoramente mayoritaria entre los mandos militares, comenzando por su general en jefe, fue transmitida a los políticos que, al final, se vieron obligados a reconocerla.

Finlandia y la URSS buscan la paz

El 5 de marzo, mientras las tropas se replegaron para defender Helsinki, se decidió enviar a Moscú una delegación que, dos días después, comenzó a negociar. Obviamente la Unión Soviética tenía casi todas las cartas en la mano para imponer las condiciones que desease, pues Finlandia sólo pudo esgrimir las inconcretas promesas de apoyo internacional y la simpatía que su causa despertaba en la opinión pública. No obstante, esta última tuvo su peso; el comunismo había logrado un gran prestigio internacional por su apoyo a la II República española al mostrarse como el único y decidido baluarte antifascista, pero ahora, tras la firma del pacto con Alemania en agosto de 1939 y la invasión de Polonia y Finlandia, todo ese capital de simpatía lo había echado a la basura. Muchos eran los izquierdistas del mundo, y también los comunistas, que se habían alejado de la doctrina oficial ante tales hechos, lo que no podían despreciar los soviéticos, y más cuando existía el evidente riesgo de una confrontación armada con la Alemania nazi tras evidenciarse, además, las importantes debilidades militares del Ejército Rojo.

Sin duda, para Stalin también era importante firmar la paz cuanto antes, pues además debía reconstruir las grandes pérdidas militares sufridas en la contienda y estudiar urgentemente cómo recomponer un ejército que había demostrado grandes debilidades por tierra, mar y aire. También había otro factor a considerar; ciertamente, la URSS, a esas alturas de la guerra, podía aspirar a aplastar a Finlandia y a conquistar todo el territorio, reincorporándola por completo como en tiempos del Imperio Ruso.

Pero tal acción, y dado el clima de tensión internacional, sí que podía provocar una guerra abierta con las potencias aliadas que, en esta ocasión, apoyarían a unas amenazadas Suecia y Noruega. En ese caso, el riesgo de que se concretase una verdadera cruzada anticomunista, a la que se acabaría sumando Alemania, era muy alto y Stalin no podía arriesgarse a ello. El dictador soviético precisaba, por tanto, acabar la guerra cuanto antes y desvanecer así el fantasma de la cruzada anticomunista. Mejor era conformarse sin demora con lo que estaban los finlandeses dispuestos a ceder que enfrentarse a las potencias aliadas.

El día 11, los delegados de Finlandia se avinieron a las peticiones soviéticas que, esencialmente, eran las mismas que las planteadas antes del inicio de la Guerra de Invierno en diciembre de 1939, aunque más endurecidas y sin ninguna contrapartida territorial.

IGLESIA ORTODOXA en la región occidental del istmo de Carelia, testimonio de la secular presencia rusa en suelo finlandés.

PANZER IV, EL CABALLO DE BATALLA DE LAS FUERZAS BLINDADAS ALEMANAS

Versátil y continuamente perfeccionado, el Panzerkampfwagen IV, comúnmente conocido como Panzer IV, fue, quizá, el carro de combate alemán más utilizado por la 'Wehrmacht' (fuerzas armadas alemanas) y sus aliados en el transcurso de la Segunda Guerra Mundial.

Panzer IV Ausf. J (Sd.Kfz. 161/2)

Diseño: Krupp
Motor: Maybach HL 120 TRM de 300 CV
Peso: 27 t
Dotación: 5 hombres, 3 en la torre y 2 en la barcaza
Armamento: 1 cañón de 75 mm Kwk 40 L/48 y 2 ametralladoras MG 34 de 7,92 mm
Blindaje máximo: 80 mm
Velocidad máxima: 42 km/h

OTROS MODELOS

Panzer IV Ausf. A-Ausf. F	Panzer IV Ausf. F2-Ausf. G	Panzer IV Ausf. H-Ausf. J	Panzer IV Flammpanzer
cañón 1 de 75 mm L/24	cañón 1 de 75 mm L/43	cañón 1 de 75 mm L/48	lanzallamas
ametr. 2 de 7,92 mm	ametr. 2 de 7,92 mm	ametr. 2 de 7,92 mm	ametr. 1 de 7,92 mm

PANZER IV

Principales plantas de armado

Fabricantes de partes esenciales: Torretas Motores

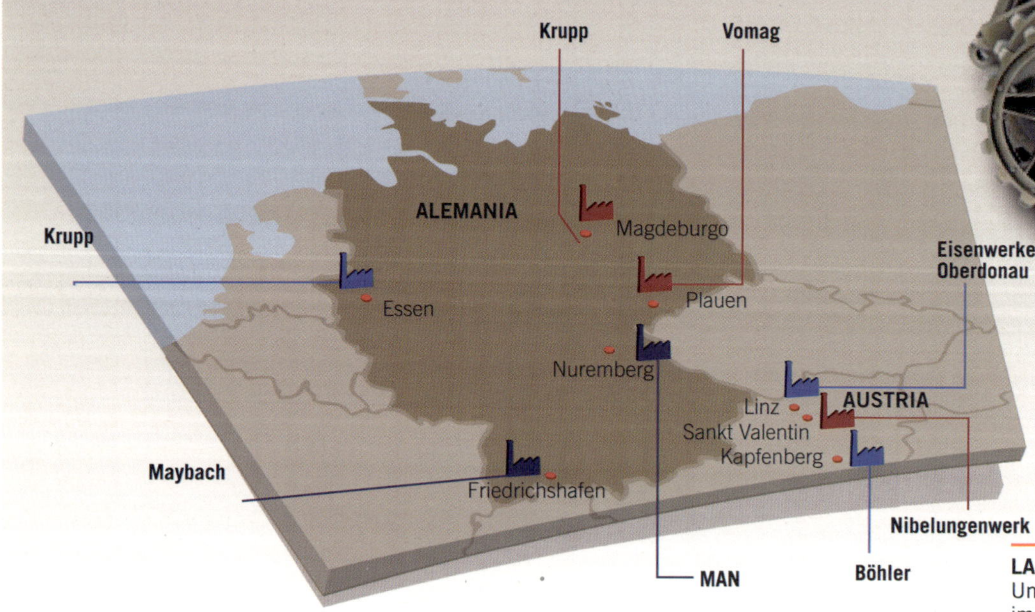

LA RUEDA TRACTOR
Unida a la transmisió
imprimía movimiento
al carro de combate.

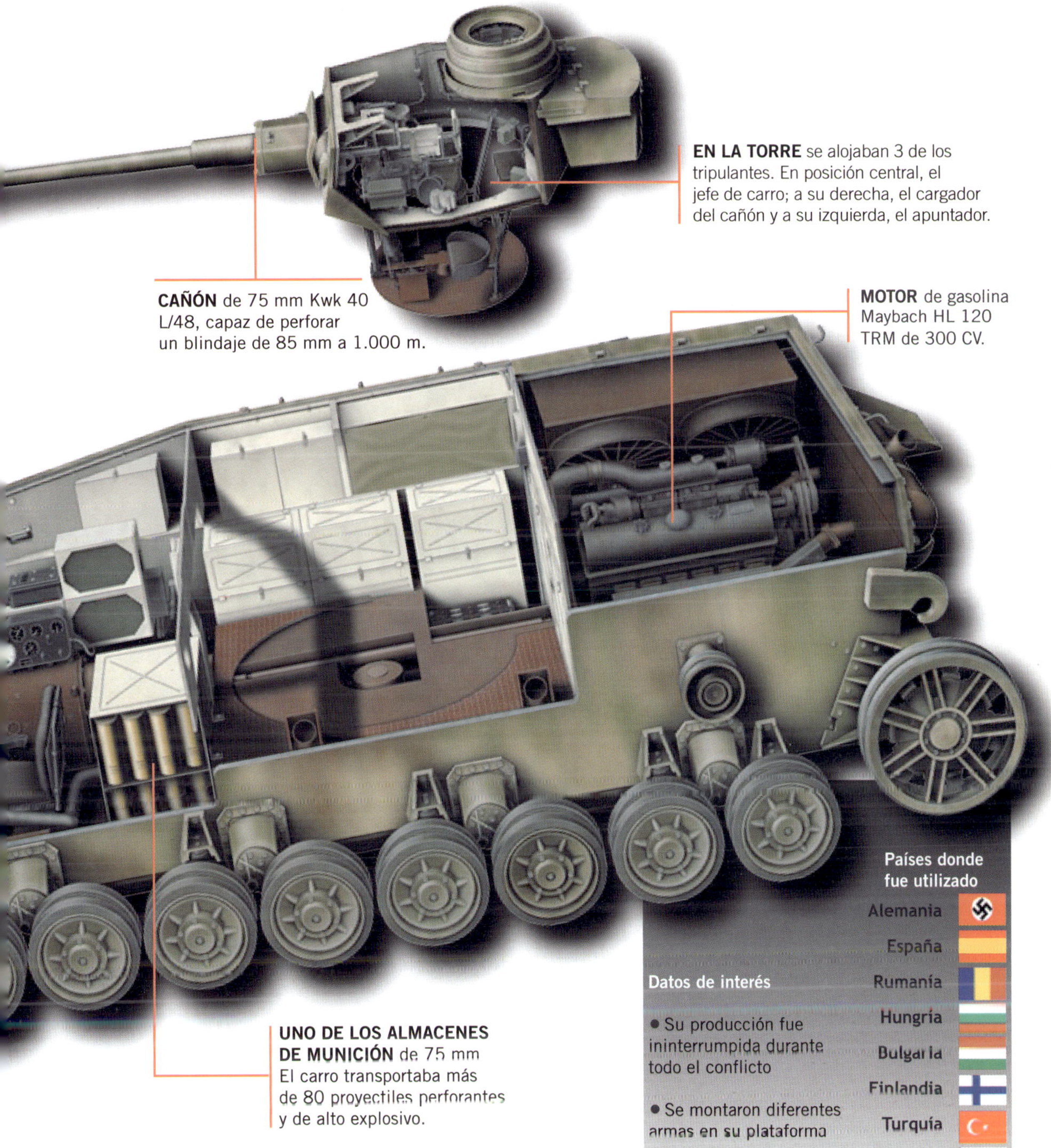

EN LA TORRE se alojaban 3 de los tripulantes. En posición central, el jefe de carro; a su derecha, el cargador del cañón y a su izquierda, el apuntador.

CAÑÓN de 75 mm Kwk 40 L/48, capaz de perforar un blindaje de 85 mm a 1.000 m.

MOTOR de gasolina Maybach HL 120 TRM de 300 CV.

UNO DE LOS ALMACENES DE MUNICIÓN de 75 mm
El carro transportaba más de 80 proyectiles perforantes y de alto explosivo.

PUESTO DEL CONDUCTOR
A su derecha se situaba el radioperador, que también manejaba la ametralladora del casco, de 7,92 mm.

Países donde fue utilizado

- Alemania
- España
- Rumanía
- Hungría
- Bulgaria
- Finlandia
- Turquía
- Checoslovaquia
- Siria

Datos de interés

- Su producción fue ininterrumpida durante todo el conflicto
- Se montaron diferentes armas en su plataforma
- Participó en todos los frentes

LAS BAJAS SOVIÉTICAS durante la batalla de Suomussalmi fueron extremadamente elevadas, 270.000 hombres, no sólo a causa del fuego enemigo, sino del invierno finlandés.

Al día siguiente se firmó la paz en Helsinki y el 13 en Moscú, ordenándose el cese de las hostilidades en todos los frentes. Habían sido 104 días de infierno.

La paz firmada suponía la entrega a la URSS de casi 42.000 km^2, aproximadamente el 10 % del territorio finlandés, al igual que un 20 % de su capacidad industrial, pues en las zonas cedidas había una importante actividad fabril. De hecho se volvía, en casi todos los puntos, a la frontera que suecos y rusos habían pactado en 1721. La transferencia de territorios a los vencedores comprendía, sobre todo, el ansiado istmo de Carelia, donde estaba la ciudad y bahía de Viborg, toda la costa norte del lago Ladoga y varias islas del golfo de Finlandia, con lo que Leningrado veía alejarse la temida frontera de sus inmediaciones. Igualmente los vencidos se vieron obligados a ceder por 30 años la península de Hanko para que allí se estableciese la base militar soviética, así como a dar libertad de paso a lo largo de la provincia de Petsamo en el norte. También territorios del Ártico, como la totalidad de la península de los Pescadores y otros enclaves, pasaron a soberanía soviética.

El coste humano tuvo unas importantes dimensiones: unas 400.000 personas se vieron obligadas a abandonar sus lugares de residencia y emigrar hacia otras zonas de Finlandia. Igualmente las fuerzas armadas finlandesas se vieron sometidas a una limitación numérica. La única contrapartida fue que la URSS disolvió el gobierno títere que

había creado para tratar de dar legitimidad a su invasión.

El balance de bajas fue dramático para una guerra de tan corta duración. Los finlandeses, incluyendo los voluntarios extranjeros en sus filas, sufrieron cerca de 25.000 muertos y unos 45.000 heridos. Pero mucho peor fueron las cifras en el bando vencedor. Nikita Kruschev reconoció años después que las bajas en su bando habían alcanzado la terrible cifra de unos 270.000, entre muertos y heridos, e incluso otros historiadores aumentaron el número, aunque la propaganda soviética siempre impidió conocer la cifra exacta de bajas. En cuanto a las pérdidas de material de guerra la proporción fue muy similar: los fineses perdieron casi todo su potencial, pero las pérdidas de su enemigo fueron abrumadoras, cifrándose en unos 1.500 carros de combate y unos 700 aviones destruidos o averiados. Todo ello reflejaba tanto la incompetencia y la falta de adaptación al terreno y al clima del Ejército Rojo, como lo exitoso de la resistencia finlandesa fuertemente motivada por la defensa de su independencia y de una causa que creían unánimemente justa.

NIKITA KRUSCHEV RECONOCIÓ AÑOS DESPUÉS QUE LA TERRIBLE CIFRA DE MUERTOS Y HERIDOS EN SU BANDO ASCENDIÓ A 270.000

Lo mismo que la guerra, las consecuencias de la paz tuvieron un alcance mundial. Ante todo las opiniones públicas de los países democráticos, claramente anticomunistas, se mostraron indignadas con sus gobiernos que, timoratos y especuladores, retrasaron la ayuda urgente a Finlandia que tanto precisaba. Por otra parte, el espejismo de una cruzada antibolchevique, que salvase la paz entre alemanes y aliados se vino abajo para disgusto de muchas fuerzas conservadoras, y puso de nuevo las cosas en su sitio para alivio, por ejemplo, de los polacos que habían visto cómo el sometimiento de su pueblo había estado a punto de ser poco menos que perdonado o de caer en el olvido.

De esta manera, la política internacional volvió a centrarse en el estado de guerra que, en teoría, enfrentaba a Alemania con Francia e Inglaterra pero que aún no había estallado. Una primera consecuencia de esa paz fue un cambio de gobierno, en ese mes de marzo, en Francia: el gabinete galo de Édouard Daladier, partidario de aprovechar la guerra de Finlandia para dirigir los esfuerzos militares más contra la URSS que contra Alemania, se vio obligado a presentar su dimisión, siendo sustituido por el de Paul Reynaud, mucho más claramente beligerante contra Alemania. Cuando en abril de 1940 los alemanes invadieron Noruega para asegurarse el suministro de hierro e impedir que los aliados se hicieran fuertes por el norte, quedó de nuevo claro quién era el enemigo verdadero.

Sin embargo, fue Alemania la que creyó sacar las lecciones más claras de la guerra. La satisfacción de Hitler y de los militares alemanes fue enorme al ver el gran número de bajas sufridas por los soviéticos ante un ejército tan limitado como el finlandés. No les faltaban motivos, pues la operación comenzada dos años antes de filtrar información falsa que acusase a los principales militares del Ejército Rojo de conspiradores, y que había desencadenado las purgas en el ejército, había sido un éxito. Todo ello les hizo creer que sería un enemigo muy fácil a

LA POBLACIÓN CIVIL FINLANDESA se implicó de forma masiva, y decisiva, en el esfuerzo de guerra. Incluso los niños, como los de la fotografía, colaboraron en tareas de abastecimiento.

batir cuando llegase la hora de la invasión, un gigante con pies de barro que se derrumbaría al golpearles con fuerza. Sin duda, las grandes dificultades de los soviéticos en esta guerra de Finlandia, y la lectura que los alemanes hicieron de ella, fueron decisivas para que en 1941 se procediese a la invasión de la URSS con la consiguiente apertura del frente del este. Luego se demostraría que fue un exceso de confianza alemán, pues despreciaron la capacidad de reacción soviética. Pero, para ser justos, este análisis también lo compartieron franceses e ingleses, lo que les llevó a verse como los únicos baluartes frente a los nazis.

Otra consecuencia de la paz fue el lógico resentimiento que anidó entre los finlandeses, que se sintieron solos y abandonados por todos. Su odio hacia el secular opresor ruso no hizo más que aumentar, lo mismo que el distanciamiento respecto a los aliados y los suecos. Estos sentimientos, junto con la invasión alemana de 1941, les haría volver a entrar en guerra con el ánimo de recuperar los territorios perdidos.

|1879-1953|

IOSIF STALIN, EXTERMINADOR DE ENEMIGOS Y CAMARADAS

En nombre de la revolución socialista instauró el culto a la personalidad, asesinó o encarceló a millones de disidentes, empezando por los propios comunistas, y contribuyó con sus errores a las graves derrotas durante el primer año de guerra.

Pasaron más de trece horas hasta que su cuerpo fue hallado tirado en el suelo, a causa de un ataque de apoplejía. No se sabe en qué momento Stalin, apodo que significa "hecho de acero", había sufrido el ataque. Fue a una indeterminada hora de la madrugada del 1 de marzo de 1953, después de las cuatro de la mañana, hora en la que se despidió de su círculo más íntimo. Unos dicen que tras una simple juerga y otros que tras una durísima discusión. A lo largo de la mañana y ya entrada la tarde del día siguiente los sirvientes de la dacha no osaron importunarle, hasta que el pertinaz silencio extrañó a uno de los guardianes que, cerca ya de medianoche, se atrevió a entrar en la habitación con la correspondencia del día. Estaba tumbado en el suelo. Rápidamente le incorporaron y llamaron a los miembros del Politburó quienes, con toda parsimonia, avisaron luego a los médicos que ya nada pudieron hacer. ¿Envenenamiento por parte del jefe de la policía secreta, la NKVD (*Narodni Komisariat Vnutrenie Del*, Comisariado del Pueblo para Asuntos Internos), y su mano derecha, Lavrenti Beria, o de otros miembros de la dirección del partido? No se sabe. Murió cuatro días después. El anuncio conmocionó de pánico y dolor al país. El llanto colectivo se apoderó de las masas y en Moscú hubo más de 400 muertos fruto de las avalanchas humanas que se agolpaban para ver el féretro.

Quien despertaba esas emociones se apellidaba, realmente, Dzhugashvili, y había nacido en un pueblo de Georgia en 1879. Su padre era un zapatero alcohólico y maltratador y su madre una beata que estaba siempre rezando. Sus buenos resultados en los estudios le hicieron merecedor de una beca para el seminario de Tiflis (Georgia) que le solucionó la manutención y los estudios por un tiempo. Allí palpó el nacionalismo georgiano que se rebelaba contra el Imperio Ruso, pero el ambiente opresor, fanático y herméticamente religioso le marcó para siempre.

A principios de siglo entra en contacto con el marxismo y abandona (o es expulsado) del seminario. Entregado de lleno a la actividad revolucionaria conoce a Lenin y en 1907 viajó a Londres para participar en el IV congreso del POSDR (Partido Obrero Socialdemócrata de Rusia, *Rossiiskaya sotsial-demokraticheskaya rabochnaya partiya*); por entonces se hacía llamar *Koba*. Varias veces será deportado a Siberia, volviendo a Petrogrado (la antigua San Petersburgo) en marzo de 1917, y poniéndose al frente del diario del partido, *Pravda*. La revolución y su fidelidad al partido le catapultan a la secretaría general en 1922 y cuando Lenin muere en 1924, está perfectamente colocado para asumir el relevo. Sin embargo el padre de la revolución rusa advirtió, antes de morir, que su mano derecha reprimía con cruel brutalidad cualquier atisbo de crítica, por lo que planteó su destitución al congreso. Sin embargo, Stalin y los suyos se encargaron de ocultar el documento que tardó décadas en salir a la luz. Imitando la vieja tradición de la Iglesia ortodoxa, decide momificar el cuerpo de su predecesor y exponerlo; divinizaba a Lenin y eso también, de paso, lo estaba aplicando a su persona: surgía el culto a la personalidad y la población comenzó a llamarle "padrecito", como a los antiguos zares.

Desde el poder se encargó de apartar, expulsar y enviar a los campos de trabajo o ejecutar a los miembros de la vieja dirección que no se sometían a él. Identificó el socialismo con su persona y cualquier crítico se convertía en traidor. Había creado la doctrina del socialismo en un solo país, lo que contradecía los principios internacionalistas más básicos del marxismo y el leninismo. La instauración de esta política del terror le llevó en 1929 a abrir los *gulags* (*Glavnoye Upravleniye Ispravitelno-trudovij Laguerei*, dirección general de campos de trabajo), o campos de concentración, en donde se calcula que murieron dos millones de deportados hasta 1956.

Precisamente en 1929, se inició una gran campaña de colectivización en el campo que afectó, sobre todo, a Ucrania; el resultado es que murieron de hambre en torno a unos siete millones de personas. Después, a fines de los años treinta, les llegó el turno a los militares y otros miembros del partido de los que temía que conspirasen contra él; fueron las llamadas grandes purgas. Más de un millón fueron asesinados y varios más condenados a cumplir condena en los campos de concentración.

Los intereses de la supervivencia del estado soviético y su persona le habían llevado a pactar desde hacía años con Hitler. Para burlar Versalles, en la URSS se entrenaba la nueva *Wehrmacht* y le suministraba toda clase de productos. No importaba el antagonismo ideológico y que en España, desde 1936, se estuviesen matando soviéticos y alemanes, o que los nazis asesinasen a miles de comunistas en Alemania fieles a Stalin, entre ellos a su secretario general Ernst Thälmann. Cuando estalló la guerra en 1939 su satisfacción fue manifiesta: el capitalismo se destruiría entre sí y la Unión Soviética podría extender sus fronteras en todas direcciones; un aperitivo era la anexión de la parte oriental de Polonia, que para hacer irreversible remató con el asesinato en masa de 22.000 polacos, la mayor parte oficiales del ejército.

Mientras tanto, los comunistas franceses, belgas, holandeses, tuvieron que poner buena cara a los invasores nazis. Ciego ante las evidencias, despreciando las informaciones de los británicos y de sus espías, se negó a creer que Alemania pensaba atacarle sin antes vencer a Gran Bretaña. Por ello la acción le conmocionó y enmudeció durante varios días, en estado depresivo y sin saber qué hacer. Irónicamente, un personaje sin escrúpulos como él se lamentó de que los alemanes le atacasen a traición, sin previa declaración de guerra, "como bandidos", violando

EL DICTADOR SOVIÉTICO IOSIF STALIN acaparó un enorme poder hasta su muerte. Su crueldad y determinación le convirtieron en un ser temible incluso para sus propios camaradas.

el tratado de amistad firmado en 1939. La falta de buenos jefes y oficiales, casi todos ellos purgados, facilitó las arrolladoras victorias nazis. Sólo la torpeza de Hitler y la llegada masiva de refuerzos siberianos salvó Moscú.

La guerra acrecentó aún más su poder. La propaganda llamó a la contienda la Gran Guerra Patria y apeló al más rancio nacionalismo para excitar al pueblo, estableciendo una línea de continuidad entre Alexander Nevski, Iván el Terrible, los grandes zares y su persona. Por supuesto se nombró jefe supremo del ejército, aunque escuchó más a sus generales que Hitler a los suyos. En ese momento, por supuesto, y ante el ataque de la patria socialista, los comunistas de todo el mundo fueron llamados a sumarse a la lucha contra el nazismo.

Necesitado de todos los apoyos morales, rehabilitó a la Iglesia ortodoxa y sacó de los *gulags* a los clérigos supervivientes (habían sido ejecutados unos 100.000 en los años previos), que comenzaron a bendecir banderas de regimientos y a efectuar colectas en apoyo del ejército; muchos de ellos también partieron al frente a servir como capellanes castrenses hasta que en 1943 Stalin restableció oficialmente a la Iglesia. A lo largo del conflicto no vaciló en, aprovechando sus grandes reservas demográficas, lanzar a la muerte segura a millones de soldados sin apenas armamento, sabiendo que los alemanes no podrían detener, a la larga, aquellas oleadas humanas.

Un suceso deja clara su falta de sensibilidad. Su hijo Yákov cayó prisionero a principios de la guerra, quien logró esconder su identidad hasta que fue delatado. Los alemanes quisieron adoctrinarle pero fracasaron, ante lo cual ofrecieron su canje por el general Paulus, a lo que Stalin se negó, tras lo cual murió en misteriosas circunstancias en el campo de concentración. Nadie recuerda haberle visto sentir la muerte de su hijo.

En las conversaciones que durante esos años mantuvo con sus aliados, sobre todo en Yalta en febrero de 1945, se mostró como un zorro. Aprovechando la decadencia física e intelectual de Roosevelt, y para indignación de Churchill, logró una buena tajada de territorios tanto en el oeste como en el este a costa de Japón, y que se consagrase la hegemonía de la URSS sobre los territorios de Europa oriental que iban a arrebatar a los nazis. La principal víctima sería Polonia, así como los ocho millones de alemanes que deberían marcharse de ella al desplazarse sus fronteras hacia el oeste. Mientras tanto, los ánimos vengativos sobre los alemanes se desplegaron en toda su crudeza: la mayor parte de los prisioneros capturados murieron en los campos de concentración, y al llegar a suelo alemán sus tropas se dedicaron al saqueo sistemático de todos los bienes y a la violación en masa de las mujeres alemanas.

Tras la guerra quedaron borrados todos los errores que cometió en los inicios, emergiendo como el gran conductor de la victoria y autoproclamándose "héroe de la Unión Soviética". Sin embargo ello no suavizó la política represiva. Chechenos, lituanos, cosacos y decenas de etnias más, acusadas de haber colaborado con los nazis, fueron deportadas en masa a los confines de Siberia.

EL FIN DE LA GUERRA SUPUSO LA CULMINACIÓN DEL PODER DE STALIN Y SU PRESTIGIO, PERO EN CONTRASTE SU VIDA PERSONAL HABÍA SIDO UN DESASTRE

El fin de la guerra supuso la culminación de su poder y prestigio, pero en contraste su vida personal había sido un desastre. Su primera mujer murió de tifus en 1907; la segunda se suicidó en 1932; su madre falleció en 1937 y él no asistió al funeral; con su primer hijo apenas tuvo relación y fue el que murió en la guerra en 1943; su otro hijo murió alcoholizado en 1962 y la hija superviviente escapó a los Estados Unidos en 1967. Tampoco tuvo amigos, a los que sutil y continuamente amenazaba, lo mismo que a sus familiares, con la muerte o deportación, por lo que se veían obligados a satisfacerle en todo y asentir a sus opiniones. A Kruschev, por ejemplo, le obligaba a bailar danzas ucranianas para su regocijo. Su única virtud parecía la austeridad, y se jactaba de remendar una y otra vez las viejas botas de fieltro que calzaba, y de no tirar una prenda hasta que estaba totalmente desgastada e inservible, cosa que parecía cierta.

A partir de 1950 su salud flaquea; padece hipertensión, pero se niega a medicarse. Dos años después, en el XIX Congreso del PCUS, sufre una pequeña derrota pero es suficiente para reanudar su paranoia represiva.

Una doctora le escribe una carta denunciando a sus médicos, varios presuntos judíos, de tratarle a él y a otros miembros del partido con medicamentos nocivos con el fin de matarles. Rápidamente ordena su detención y tortura; dos mueren en los interrogatorios y el resto acepta confesar sus crímenes imaginarios. Es posible que esta última purga fuese vista por sus allegados como el prolegómeno de otra mucho más feroz que se pudiese desatar, y afectarles personalmente. Ello daría argumentos para la tesis del asesinato del dictador.

Tres años después de su muerte, en 1956, el nuevo secretario general del partido, Nikita Kruschev, denunció en el XX Congreso los crímenes que su predecesor realizó amparado en el culto a la personalidad. Junto a los documentos aportados a los congresistas estaban los textos reprobatorios de Lenin hacia Stalin y que habían permanecido ocultos. También reveló que de los 139 miembros del Comité Central elegido en el XVII Congreso, 98 habían sido fusilados, lo mismo que la mayoría de los 1.996 delegados. Poco después, entre la incredulidad general de todos los comunistas del mundo, se fue desvelando el informe de los crímenes. Años después, en 1961, su momia fue retirada del mausoleo que compartía con la de Lenin y la ciudad de Stalingrado pasó a llamarse Volvogrado. Se cuenta que una diputada soviética explicó que Lenin se le había aparecido en sueños y le dijo que no estaba cómodo con Stalin a su lado. Aún hoy en día el balance de víctimas mortales de su mandato sigue estando en discusión y la horquilla se establece, nada menos, que entre 8 y 60 millones. [J.C.L.]

STALIN Y NIKITA KRUSCHEV saludan desde el mausoleo de Lenin en Moscú en 1951. A la muerte de Stalin en 1953, Kruschev le relevó como máximo dirigente de la URSS y emprendió el proceso de desestalinización que culminó con la denuncia de los excesos y crímenes del dictador.

CAPÍTULO 01

STALIN CONQUISTA LO PACTADO CON LOS ALEMANES

A pesar de la firma de un acuerdo de colaboración en diciembre de 1939, la convivencia pacífica se había vuelto prácticamente imposible entre el régimen bolchevique de la Unión Soviética y el sistema burgués capitalista de Finlandia, su vecino del norte.

En la última fase de la Primera Guerra Mundial, Finlandia vivió una sangrienta guerra civil, entre los prosoviéticos y las unidades "blancas", cuyos mandos provenían mayoritariamente del ejército zarista, entre los que destacó Carl Gustav Mannerheim, nacido en el seno de una aristocrática familia sueco-finlandesa. A finales de 1918, con ayuda alemana, el bando comunista se rindió, y en 1920 el tratado de Tartu, firmado entre Finlandia y la Unión Soviética, formalizó un nuevo estatus entre ambos países. Además de las fronteras, las relaciones serían radicalmente distintas, pues los finlandeses temían a los bolcheviques, mientras que los soviéticos estaban incómodos con un vecino que había optado por un sistema burgués y capitalista y se había acercado al enemigo germano. La llegada de Stalin al poder no hizo sino empeorar las relaciones, pues deseaba una Finlandia muy débil, casi un satélite soviético, con una amplia zona desmilitarizada en el Báltico y en el istmo de Carelia, con el pretexto de preservar la seguridad de Leningrado.

A finales de los convulsos años treinta, las demandas soviéticas habían alcanzado cotas insoportables, en virtud del tratado suscrito entre Ribbentrop y Molotov, el 23 de agosto de 1939, en el que Finlandia había quedado en la esfera de influencia soviética. Ante el pasivo cinismo de Hitler, Stalin pretendía que la frontera en Carelia se retrasara hasta unos 30 km de Viipuri, y fuese desprovista de defensas, la cesión de la península de Hanko, y de varias islas en el golfo de Finlandia. En concreto, las exigencias de Moscú pueden resumirse en seis peticiones básicas:

1. Cesión de la península de Hanko, durante un período de treinta años, para que los soviéticos construyeran una gran base naval, desde la que sellar el golfo de Finlandia.
2. Autorización para el uso, por parte de la Flota del Báltico, de la bahía de Laponia.

LOS SOLDADOS FINLANDESES, al contrario que los soviéticos, gracias a la ayuda de los estados aliados, estuvieron perfectamente equipados para combatir en condiciones árticas.

TROPAS MONTADAS FINLANDESAS en Viipuri, en el verano de 1940. La caballería no tendría opciones durante la Guerra de Invierno, cuando la nieve y el hielo dominaron el paisaje.

3. Cesión de las islas del golfo de Finlandia, así como Björkö.
4. Retroceso de la línea fronteriza en el istmo de Carelia, alejándola de Leningrado.
5. Desmantelamiento de las fortificaciones finlandesas del istmo de Carelia.
6. Cesión de la parte occidental de la península de los Pescadores, en el Ártico.

En contrapartida, Stalin ofrecía más de 5.000 km^2 de territorio estéril de la Carelia soviética, así como el reconocimiento de la soberanía finlandesa del archipiélago de las Aland, situado entre Suecia y Finlandia.

Los finlandeses respondieron con una rotunda negativa y con el fortalecimiento de la que se dio en llamar la Línea Mannerheim, una cadena de fortificaciones de campaña a lo largo del istmo de Carelia, que era la vía de penetración natural desde la Unión Soviética. Al norte del lago Ladoga, el terreno era muy difícil, con enormes extensiones de lagos y bosques, escasas carreteras y poca población. Se sucedieron una serie de encuentros al más alto nivel entre ambos países, así como varias consultas entre Finlandia y sus posibles aliados, sobre todo suecos, para valorar el grado de apoyo con el que podrían contar en el caso de un eventual ataque soviético. Suecia no contaba con grandes recursos y estaba temerosa de lo que pudiera pasarle tras la invasión de Polonia. Francia y el Reino Unido se mostraban tan pasivos y pusilánimes como siempre en esa fase de la guerra y no aportaron más que buenas palabras, mientras que, en Alemania, Hitler proclamaba una cínica neutralidad en

| CARL GUSTAV EMIL MANNERHEIM |
| 1867-1951 |

HÉROE DE LA INDEPENDENCIA FINLANDESA

Como militar supo dirigir con acierto la Guerra de Invierno, aunque no tanto la de Continuación, si bien es cierto que tenía muy poco margen de maniobra, presionado como estaba por Alemania. Siempre quiso preservar la vida de sus hombres, evitando bajas inútiles. Tal vez su mayor defecto fuese su incapacidad para delegar funciones.

Carl Gustav Emil Mannerheim nació en 1867, en el seno de una familia sueco-finlandesa, perteneciente a la nobleza. Su lengua materna fue el sueco y hablaba también ruso, francés, inglés, alemán y polaco. No aprendió el finlandés hasta que tuvo 50 años. La familia padeció problemas económicos y fue admitido en la Escuela de Caballería de San Petersburgo, entrando en la Guardia de Caballeros en 1891. Se casó, tras un arreglo familiar, con la hija de un general ruso y acabó divorciándose en 1919. Participó en la guerra ruso-japonesa, siendo condecorado por su valor en la batalla de Mukden. De gran envergadura (1,94 m de altura), destacó por su arrojo y fuerte personalidad.

Formó parte en varias expediciones científicas a China y, en 1913, ascendió a brigadier de caballería. Así participó en la Gran Guerra, en los frentes rumano y austro-húngaro, y fue condecorado con la Cruz de San Jorge. Finalizada la revolución de 1917 fue ascendido a teniente general, pero fue relevado del mando poco después por no ser del agrado del nuevo gobierno. Tras recuperarse de una caída del caballo volvió a Finlandia a la vida civil.

Pero por poco tiempo. En enero de 1918 fue designado comandante en jefe del recién nacido ejército finlandés, tras la proclamación de la independencia. El nuevo ejército, que se nutría de numerosos guardias blancos, fue apoyado por Alemania en la guerra civil que siguió. Mannerheim, disgustado por la creciente influencia germana, terminó por renunciar y abandonó el país, temporalmente. Tras unos meses fue nombrado regente, pero, al perder las primeras elecciones, se retiró de la vida pública.

EL MARISCAL MANNERHEIM, comandante en jefe del ejército finlandés y auténtico artífice de la supervivencia de Finlandia frente a la invasión comunista.

En 1931 fue nombrado jefe del consejo de defensa, y se dedicó a impulsar la industria bélica finlandesa e intentó una alianza con Suecia. En 1939, con el inicio de hostilidades con la Unión Soviética, fue nombrado comandante en jefe del ejército. Ferviente anticomunista, trató de mantener la distancia, en la medida de lo posible, con la Alemania de Hitler. En 1942, el *Führer* se entrevistó con él en Helsinki, en medio de una gran discreción, para solicitarle más apoyo contra Stalin, pero Mannerheim permaneció firme en sus posiciones. En 1944 fue nombrado presidente de Finlandia, cargo que abandonaría en marzo de 1946. Falleció en Lausana en 1951, donde se había exiliado, a los 83 años. [R.D.]

caso de conflicto. La invasión de las repúblicas bálticas de Estonia, Letonia y Lituania, entre el 28 de septiembre y el 11 de octubre de 1939, era una clara muestra del destino que aguardaba a los finlandeses si accedían a las peticiones soviéticas. El 23 de octubre tuvo lugar una tensa reunión en el Kremlin, entre los representantes finlandeses, Väinö Tanner y Juho Kusti Paasikivi, y los soviéticos, Viacheslav Molotov y Iosif Stalin, en la cual, el canciller Molotov, visiblemente contrariado con la firme determinación finlandesa, dijo bruscamente: "¿Es su intención provocar un conflicto?", a lo que Paasikivi respondió secamente "¡Nosotros no deseamos tal cosa, pero, al parecer, ustedes sí!".

Pocos días después, Molotov anunció que había pasado la hora de los civiles y que, a partir de ese momento, eran los militares los que debían tomar medidas. El futuro estaba claro.

Comienza la guerra

Tras rechazar el ultimátum soviético, los finlandeses se prepararon para la guerra que comenzó, con indiscriminados ataques aéreos soviéticos, el 30 de noviembre de 1939. Stalin, como era habitual, pretendió culpar a los finlandeses de la primera agresión, para lo cual no dudó en causar varias bajas entre sus propios soldados, con fuego de mortero, en la localidad de Mainila, en el istmo de Carelia, culpando de las mismas a la artillería finlandesa. Tras el cruce de acusaciones y pretensiones inverosímiles, el Kremlin rompió relaciones con Finlandia el día 29, al mismo

ORDEN DE LA BANDERA ROJA. Hasta 1930, cuando se creó la Orden de Lenin, fue la más alta condecoración militar soviética.

tiempo que varias de sus unidades cruzaban la frontera por la región de Petsamo. La guerra estaba dispuesta.

Stalin, alejado de la realidad, creía que la mayor parte de la población finlandesa acogería con los brazos abiertos al Ejército Rojo, al que vería como un libertador, pues Finlandia era una nación de trabajadores comunistas que se encontraban oprimidos por una "dictadura burguesa". Pronto comprobaría cuán equivocado estaba en sus predicciones.

El Ejército Rojo alineó cinco ejércitos para el ataque, con un total de 30 divisiones, además de seis brigadas de carros, confiando en arrollar a las débiles defensas finlandesas con facilidad. El esfuerzo principal correría a cargo del 7º Ejército, al mando de Kiril Meretskov (antiguo asesor de la República en la Guerra Civil española) en Carelia, que contaba con 14 divisiones y más de mil carros de combate de diverso tipo, agrupados en cinco brigadas acorazadas. Su objetivo era romper la Línea Mannerheim, tomar Viipuri y continuar hasta Helsinki. Este enorme despliegue en Carelia, que sorprendería a los finlandeses, dejaba claro que la invasión había sido planificada con mucha anticipación, pues requería un esfuerzo logístico de considerable envergadura, como la adecuación y construcción de carreteras, considerable.

Al norte del lago Ladoga se desplegaba el 8º Ejército, con nueve divisiones y una brigada acorazada, cuyo objetivo era avanzar hacia el suroeste, rodeando el lago y atacando a los finlandeses de Carelia por detrás. Más hacia el norte se situó el 9º Ejército, con cinco divisiones, al mando de Dujanov, con la misión de cortar el territorio finlandés en dos, tras penetrar hasta el golfo de Botnia. Finalmente, en el Ártico, el 14º Ejército, con tres divisiones, debía tomar Petsamo y avanzar progresivamente hacia el sur.

El ejército soviético era muy superior al finlandés en material y en número de hombres, como casi siempre a lo largo de la historia rusa. Pero, además de la superioridad material respecto al número, realmente tenía una superioridad cualitativa en lo que respecta a la artillería y a los carros de combate. En relación a la primera, la artillería soviética puede situarse entre las mejores a lo largo de toda la Segunda Guerra Mundial, tanto en calidad como en cantidad. Disponía de piezas de artillería de campaña, como el cañón de 76,2 mm ZiS 3, que resultaría muy efectivo incluso como arma contracarro. Tal es así, que los alemanes utilizarían muchos de ellos que serían capturados durante las primeras fases de la operación Barbarroja. La artillería pesada era sobresaliente, y disponía de dos piezas punteras, como eran el obús de 122 mm y el cañón de 152 mm. Los morteros soviéticos también eran punteros, y uno de ellos, el de 120 mm, sería copiado tal cual

CARROS DE COMBATE FINLANDESES VICKERS de origen británico, armados únicamente con una ametralladora.

por los alemanes, que quedaron hondamente impresionados por su rendimiento cuando entraron en contacto con ese arma.

Respecto a los carros de combate, los soviéticos, en esa fase de la guerra, disponían de numerosos carros ligeros T-26, BT-5 y BT-7, que ya habían sido probados en combate, pero que no resultaban los más adecuados para el difícil escenario finlandés. Contaban, además, con los monstruosos carros multitorreta, herederos de una tendencia de la década de 1930, que no había prosperado en el resto de los países que la habían iniciado.

Durante esos años, en varios países de Europa, se desarrollaron una serie de carros de gran tamaño, dotados de varias torretas, en un intento de incrementar su potencia de fuego para que se convirtieran en auténticos vehículos de ruptura. La Unión Soviética, tan predispuesta a realizar ingenios de gran valor propagandístico, independientemente de sus auténticas virtudes militares, no dudó en sumarse a esta corriente y, fruto de ella, nacieron dos de los carros más grandes de la época, auténticos monstruos inútiles, el T-28 y el T-35.

El líder finlandés, Mannerheim, comandante en jefe de las Fuerzas Armadas, no tenía dudas sobre la realidad de las cifras, y sabía que no podía ganar una guerra contra el gigante soviético, pero, tal vez, podría demorar su avance y desgastarlo de tal forma que el resto de las naciones occidentales decidiese actuar y forzar a Stalin a detener el ataque. Muchos de los oficiales del ejército finlandés se habían fogueado en la guerra civil, y, aunque eran muy conscientes de lo limitado de sus recursos (contaban con catorce divisiones, poca artillería, apenas carros de combate, una aviación embrionaria y munición de artillería para menos de un mes de combate, y de armas ligeras para apenas dos), eran maestros en el aprovechamiento del terreno y la adaptación al duro clima reinante, al contrario que los soviéticos.

El gobierno finlandés fue reorganizado para enfrentarse a la crisis, una vez rotas las hostilidades, pasando Risto Ryti a ser primer ministro, Paasikivi, ministro sin cartera, y Väinö Tanner ministro de Interior, en un último y desesperado intento de llegar a un acuerdo con Moscú, pero fue en vano. De hecho, llegó a crearse un gobierno comunista títere, de la denominada República Democrática de Finlandia, al frente del cual estaba el exiliado Otto Kuusinen, con el que Molotov, en un nuevo ejercicio de cinismo, llegó a firmar un pacto de amistad y cooperación el 2 de diciembre. Esta pantomima llegó a establecerse en la localidad fronteriza de Terijoki (actual Zelenogorsk), la primera aldea finlandesa ocupada por los soviéticos, el primer día de guerra, y llegó a tener un ejército propio, denominado Primer Cuerpo Finlandés, constituido, en realidad, por oficiales rusos del Distrito de Leningrado y soldados de la NKVD, la policía secreta soviética.

EL EJÉRCITO REGULAR FINLANDÉS DE DICIEMBRE DE 1939 CONTABA SOLAMENTE CON UNOS 33.000 HOMBRES

El ejército regular finlandés de diciembre de 1939 contaba solamente con unos 33.000 hombres, que rápidamente se reforzó con los 127.000 del ejército Territorial, los 100.000 de la reserva y los 100.000 de la Guardia Cívica, llegando a alcanzar casi los 400.000 hombres al final de la guerra. En la principal zona de operaciones, en el istmo de Carelia,

GUERRA DE INVIERNO (de noviembre a marzo de 1940)

El 30 de noviembre de 1939, la Unión Soviética, después de que Finlandia hubiera desoído sus demandas territoriales, atacó con cinco ejércitos y más de 450.000 soldados en una ofensiva combinada a lo largo de más de 1.200 km de frontera. Tras 4 meses de encarnizados combates, Finlandia firmaba un armisticio y perdía un 10 % del territorio, pero seguía siendo una nación independiente.

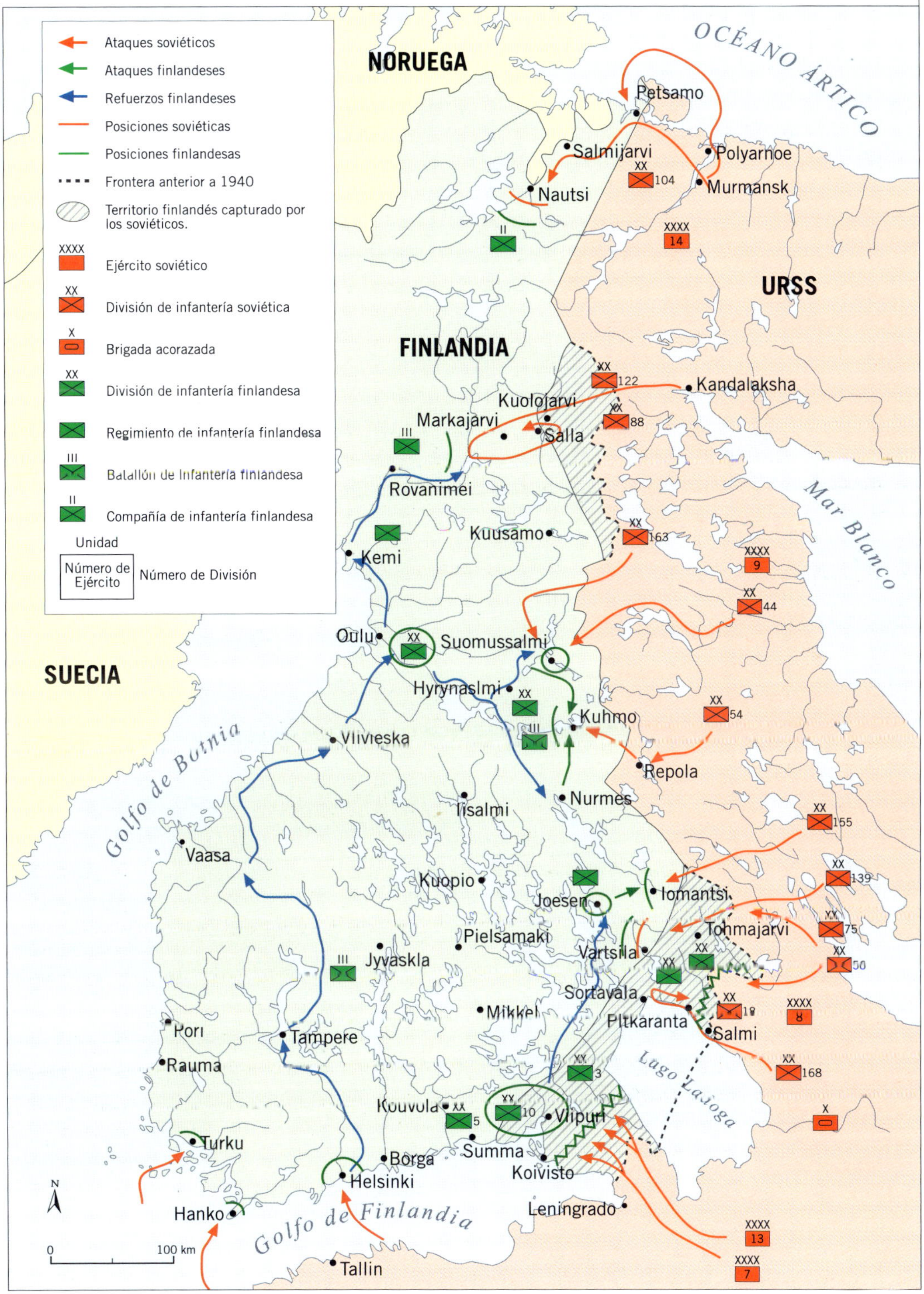

desplegaba dos cuerpos de ejército (I y III), al mando del teniente general Österman, con un total de cinco divisiones y varios batallones, además de una división de reserva. Las otras tres divisiones finlandesas se desplegaron al norte del lago Ladoga. El 4º Cuerpo al norte del lago, con dos divisiones, mientras que la 9ª División, que constituía la reserva general, se concentraba en Oulu. Los 1.125 km de frente entre Suojärvi y el Ártico estaban cubiertos sólo por elementos aislados de la Guardia Cívica, así como por compañías independientes.

La artillería finlandesa era escasa, y las existencias de munición también, pudiéndose cuantificar en días o, en el mejor de los casos, dos o tres semanas, según el arma. Eso sí, en el istmo de Carelia, los escasos cañones presentes tenían sus objetivos perfectamente identificados y preestablecidos, lo que contribuiría a incrementar su mortal eficacia contra las fuerzas asaltantes. Como se ha comentado, el ejército finlandés apenas contaba con carros de combate y sus armas contracarro eran muy limitadas al comienzo del conflicto. El cañón Bofors de 37 mm, comprado a Suecia, comenzó a llegar poco antes de la invasión soviética y en número tan escaso que cada regimiento sólo contaba con dos o tres unidades. El arma elegida a nivel sección fue finalmente el rifle anticarro Lathi de 20 mm, un arma que ofrecía un excelente rendimiento pero que no se suministró en cantidad apreciable hasta el final de la guerra. Esta carencia llevó a los finlandeses a agudizar el ingenio para enfrentarse a las unidades acorazadas, una vez superado el terror que los carros produjeron entre los bisoños soldados, muchos de los cuales los veían por vez primera. Entre las armas desarrolladas por los soldados finlandeses destaca una que se ha-

ARMAMENTO

CAÑÓN BOFORS DE 37 MM

Este cañón anticarro sueco, muy avanzado para la época, sería exportado a varios países, entre ellos Finlandia, durante la Guerra de Invierno.
Peso: 370 kg. **Longitud tubo:** 45 calibres.
Alcance eficaz: 4.000 m. **Peso proyectil:** 700 g.
Cap. de penetración: 40 mm a 300 m.

ría famosa, que se conocería como "cóctel Molotov", en alusión al canciller alemán.

El ejército finlandés, al comienzo de la Segunda Guerra Mundial, carecía prácticamente de unidades acorazadas y el número total de vehículos blindados era muy escaso. El carro más numeroso era el Renault FT-17, 32 de los cuales habían sido comprados en 1919, y dos más en 1921. Casi la mitad estaban armados con el inútil cañón Puteaux de 37 mm y el resto con una ametralladora. Aunque aún estaban en servicio en 1939, eran ya obsoletos y los últimos prototipos fueron dados de baja en 1942.

El segundo vehículo más numeroso era el Vickers-Armstrong tipo E, de 6 t, de origen británico, 32 de los cuales habían sido comprados entre 1938 y 1939. Aunque, originalmente, estaban armados también con el cañón Puteaux de 37 mm durante la guerra fueron rearmados con el mucho más eficaz cañón Bofors de 37 mm, y, tras el final de la misma, muchos montaron el cañón soviético de 45 mm, de los que había abundancia como botín de guerra. Este carro, que tenía una dotación de tres hombres, fue el modelo británico de mayor éxito para la exportación y además dio origen al T-26 y al 7TP polaco. Este modelo nació como un diseño privado en 1928, en dos variantes, una con torreta doble (armada sólo con ametralladoras) y otra con torreta simple y un cañón de 47 mm. El modelo fue inicialmente rechazado por el ejército británico, pero numerosos ejércitos de otros países lo incorporaron y muchos de ellos llegaron a entrar en combate, en el curso de los cuales el principal defecto de que adoleció fue su débil blindaje, que tenía un espesor máximo de 13 mm. Los modelos finlandeses fueron vendidos sin armamento, que les fue incorporado localmente.

El resto de los vehículos en servicio en diciembre de 1939 era una amalgama de unidades sueltas, que incluían algunas autoametralladoras procedentes de la guerra civil (Austin e Izhorskij-Fiat) y carros comprados para ser evaluados durante las décadas de 1920 y 1930 (Vickers-Carden-Lloyd de diferentes modelos y Landsverk).

Pero el botín conseguido durante la guerra fue notable, de tal manera que, tras la misma, los finlandeses pudieron incorporar casi un centenar de carros T-26, en diferentes versiones, incluidos dos carros lanzallamas, medio centenar de autoametralladoras de diverso tipos (FAI, BA-6, BA-10, BA-20), 30 carros ligeros T-37, 18 carros ligeros T-38, más de 200 tractores Komsomolets y dos carros medios T-28.

CAPÍTULO 02

OFENSIVA SOVIÉTICA EN EL ISTMO DE CARELIA

Los finlandeses luchaban para no perder su independencia, pues no querían seguir la misma suerte que las repúblicas bálticas y convertirse en un país más de la Unión de Repúblicas Socialistas Soviéticas, como pretendía la República Democrática de Finlandia.

El istmo de Carelia, en realidad, presenta un frente de tierra con una longitud que apenas alcanza un tercio de anchura total, pues está plagado de lagos y obstáculos naturales, que hacen que los ejes de progresión de un atacante sean muy limitados. El principal, que se dirigía directamente a Viipuri, apenas tenía una achura de 18 km, en el sur, centrado en la pequeña localidad de Summa. En ese sector, los finlandeses habían construido sus defensas más elaboradas y costosas.

Aunque se ha escrito mucho sobre la entidad de tales defensas, en conjunto resultaban francamente modestas. Por supuesto, aunque contó con asesores franceses y alemanes para su construcción, no tenían nada que ver con fortificaciones de la entidad de la Línea Maginot y, en realidad, consistían en una estrecha sucesión de nidos de ametralladoras y abrigos para infantería, la mayoría de ellos construidos con hormigón no armado o con troncos de árbol, conectados entre sí, algunos, en el mejor de los casos por trincheras muy poco profundas. En algunos casos se logró cruzar sectores de tiro y proporcionar cobertura mutua, pero fueron los menos. A modo de ejemplo, la construcción más grande se denominó "el búnker del millón de marcos", debido a su precio de construcción, lo que da una idea del nivel de la fortificación. El armamento se basaba en ametralladoras y sólo existían baterías de artillería pesada en los sectores costeros, del golfo de Finlandia y del lago Ladoga.

Su construcción había comenzado en 1919, como medida económica para ralentizar una previsible ofensiva soviética, anterior al tratado de Tartu de 1920. A lo largo de los años, y, especialmente, en los meses previos a la guerra, se reforzaron algunas posiciones, y se llegaron a instalar algunas planchas acorazadas, pero en modo alguno representaba un obstáculo formidable, como

SOLDADOS FINLANDESES durante la Guerra de Invierno. Una de las claves de la capacidad de resistencia de las tropas finlandesas residió en la calidad de su equipamiento, perfectamente adaptado a la dura climatología y que les permitía una gran movilidad sobre el terreno.

la propaganda soviética quiso transmitir. Se extendía a lo largo de 135 km, y contaba con 66 nidos de ametralladora, de los que sólo 22 merecían realmente tal denominación. El total de puntos fuertes, contabilizando todos los distintos tipos de protección, apenas superaba el centenar y el total de fortificaciones de todo tipo no llegaba a las 300 construcciones. La más común era la denominada *korsu*, o búnker de madera, incapaz de soportar el impacto directo de una pieza de 152 mm. Sólo 13 búnkeres contaban con dos ametralladoras, y únicamente 7 estaban armados con tres. La mayoría tenían sus secciones de tiro orientadas al frente, y muy pocos estaban diseñados para batir el terreno desde el flanco.

Irónicamente, los soviéticos se hicieron con una detallada descripción de las defensas por medio de un general alemán, agregado militar en Helsinki, que, en septiembre de 1939, envió a Moscú, por razones no claras, un informe detallado. Se dice que, al reincorporarse a su puesto en Alemania, sus compañeros le entregaron una pistola que utilizó sin dilación para suicidarse. Era una muestra del sentimiento que, entre los oficiales de la *Wehrmacht* (fuerzas armadas alemanas), despertaba el pacto germano-soviético firmado entre Molotov y Ribbentrop.

La propaganda soviética magnificaría enormemente la realidad del sistema defensivo del istmo de Carelia, para justificar su fracaso ante el mismo, difundiendo cifras del orden de 300 fortines, algo que sólo estaba en la imaginación de la *Stavka* (alto mando soviético). Además, la denominación de Línea Mannerheim nunca existió en Finlandia, y, probablemente, se debió a comentarios de cafetería de los corresponsales foráneos durante la guerra.

En el sector del istmo, los soviéticos desplegaron unos 200.000 soldados, alrededor del 40 % del total del distrito de Leningrado. El 7º Ejército, al mando de Yakovlev, con 14 divisiones, tres brigadas acorazadas y 12 regimientos de artillería, encabezaría el ataque. Enfrente les esperaban algo menos de 12.000 finlandeses, sin carros, y con sólo 67 cañones Bofors de 37 mm, los únicos eficaces contra los carros.

EN EL SECTOR DEL ISTMO, LOS SOVIÉTICOS DESPLEGARON UNOS 200.000 SOLDADOS, ALREDEDOR DEL 40 % DEL TOTAL DEL DISTRITO DE LENINGRADO

A las 06:50 h del día 30 de noviembre, la artillería soviética comenzó a disparar contra las posiciones finlandesas en el istmo, durante más de una hora, precediendo el ataque de la infantería, que avanzó en línea contra las trincheras enemigas al son de la *Internacional*. En el sector más próximo al lago, el Cuerpo L de Gorolenko topó con la firme resistencia de dos débiles batallones finlandeses de guardias de frontera protegidos por campos de minas y alambradas. Apoyados por carros T-28, los hombres de la 142ª División soviética lograron avanzar casi 10 km a un altísimo precio, a lo largo del día. Además, quedaron sorprendidos de la resistencia encontrada, pues pensaban que serían recibidos como libertadores por el "oprimido" pueblo finlandés.

Más hacia el sur, la situación resultó mucho peor, pues el 19º Cuerpo de Rifles, al mando de Starikov, avanzó sobre la cercana localidad de Terijoki encabezado por la

SOLDADOS SOVIÉTICOS en el sector de Leningrado, actual San Petersburgo, haciendo ejercicios con una ametralladora Maxim en un improvisado montaje antiaéreo en septiembre de 1939.

70ª División y la 20ª Brigada acorazada. Los escasos dos batallones finlandeses presentes habían fortificado la villa, y la habían rodeado de campos de minas, que pronto comenzaron a pasar factura a los atacantes. Los defensores se revelaron como magníficos tiradores y las bajas entre la infantería soviética comenzaron a incrementarse. Ya en las calles del pueblo, los combates llegaron al cuerpo a cuerpo, aunque las órdenes finlandesas eran de, simplemente, retrasar el avance soviético. Además, sembraron los edificios de "trampas para bobos", en las que los incautos y bisoños soldados soviéticos cayeron repetidamente.

LA LÍNEA MANNERHEIM, CRUENTO ESCENARIO DE LA INVASIÓN SOVIÉTICA

Así se conoce el sistema defensivo de fortificaciones y búnkeres construido por Finlandia que se extendía a lo largo de 135 km por el istmo de Carelia. Fue denominado así por los periodistas que cubrían el conflicto en Helsinki.

EL "BÚNKER DE UN MILLÓN DE MARCOS"

Llamado así por el alto coste que requirió su construcción. Debido a las limitaciones presupuestarias, la Línea Mannerheim se apoyó principalmente en trincheras y otras fortificaciones menores. El resto de búnkeres tenían pequeñas dimensiones y no podían albergar una guarnición numerosa.

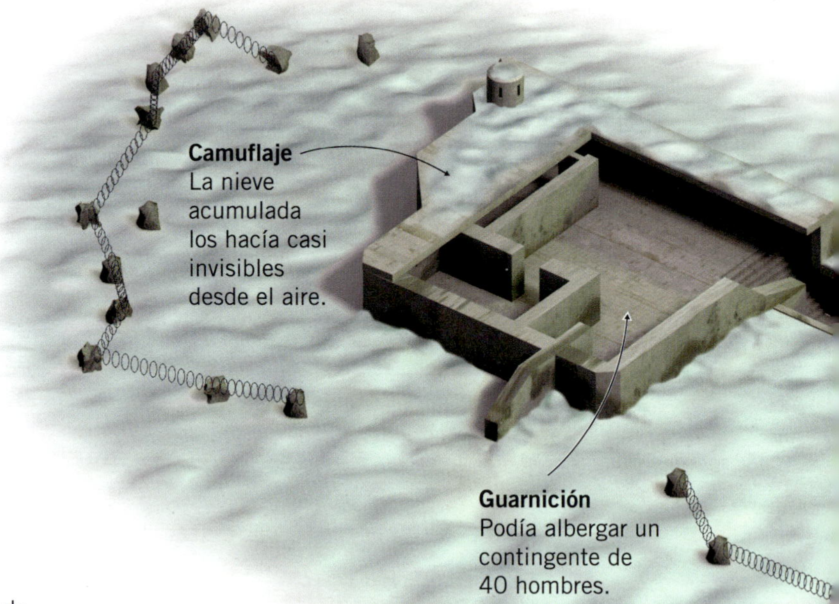

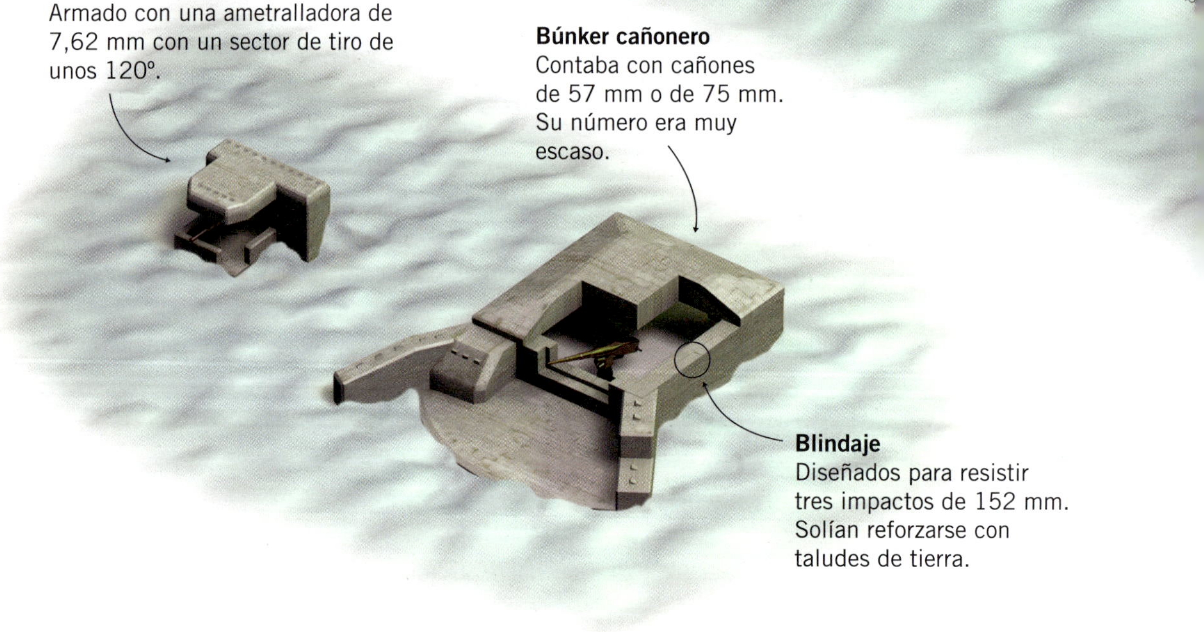

ABRIGOS DE PERSONAL

Los finlandeses contaban con abrigos de personal de distintos tipos:

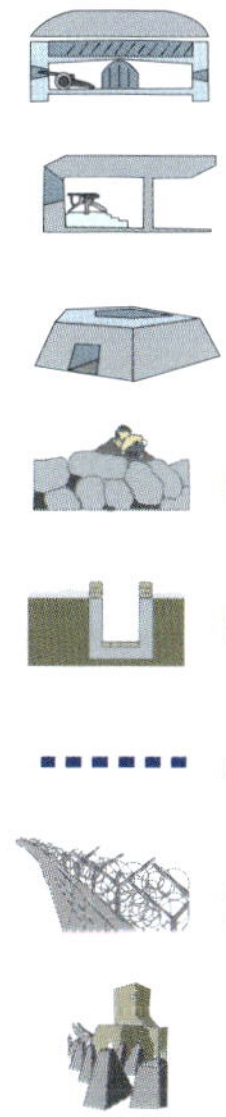

- **6** búnkeres cañoneros
- **42** búnkeres ametralladores
- **19** abrigos de hormigón
- **606** nidos de ametralladora
- **804** abrigos de campaña
- **440** kilómetros de trinchera
- **331** kilómetros de alambrada
- **136** kilómetros de obstáculos anticarro

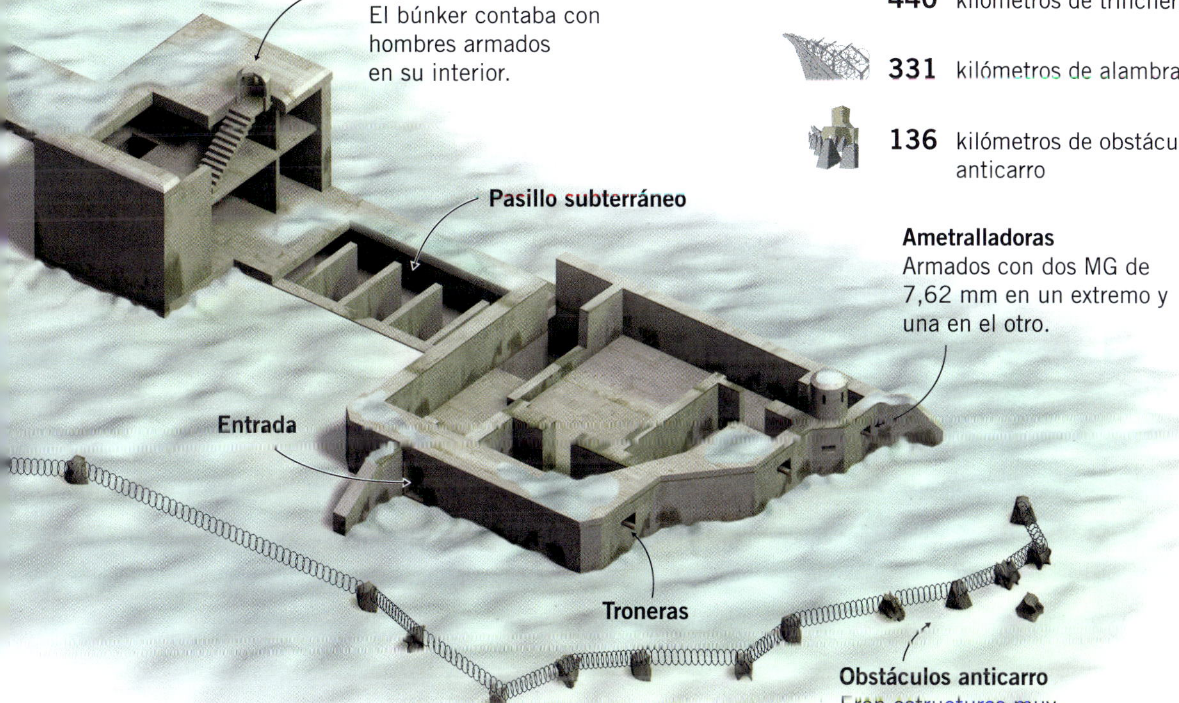

PERFIL LONGITUDINAL

Gran parte de la estructura de este búnker se hallaba bajo tierra para dar mayor protección y camuflaje a su guarnición.

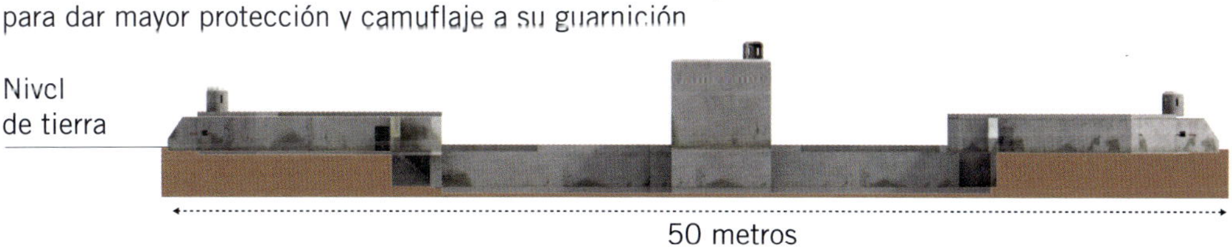

Los carros de combate se revelaron bastante ineficaces. Además, los rusos contaron con el apoyo de varias embarcaciones cuyo fuego resultó tan peligroso para el atacante como para el defensor. No fue hasta el día siguiente que las tropas soviéticas pudieron hacerse con el control de las ruinas de lo que una vez había sido Terijoki.

En el centro del istmo, la 24ª División topó con similares problemas y recurrió al expeditivo método de utilizar a su propia infantería para detonar las minas y abrir brecha para las unidades que les seguían. Los soviéticos también utilizaron varias embarcaciones para atacar por el propio lago Ladoga, de nuevo sin mucho éxito.

Contrariamente a su brillante y reciente actuación en el frente oriental ante los japoneses, durante la dramática Guerra de Invierno contra Finlandia los carros soviéticos desempeñaron, en general, un papel muy pobre. Claro que esto es extensible a todo el Ejército Rojo, pues su actuación frente a los aguerridos finlandeses fue paupérrima en casi todos los aspectos. En poco más de un mes de guerra, los soviéticos sufrieron un número desproporcionado de bajas y algunas de las más sonadas derrotas de toda la Segunda Guerra Mundial. Y ello contando con una abrumadora ventaja numérica y, en algunos aspectos, tecnológica.

Con respecto a las operaciones acorazadas, éstas fueron virtualmente inexistentes y los carros se utilizaron exclusivamente como apoyo a la infantería. Es cierto que el terreno no propiciaba la utilización de grandes masas acorazadas en profundas penetraciones, pero una de las imágenes más conocidas de ese escenario, con los BT haciendo un círculo en el bosque, al estilo de las caravanas del oeste, para protegerse de la agresiva infantería finlandesa, da idea del tipo de operaciones que tuvieron que realizar las fuerzas acorazadas soviéticas.

DURANTE LA DRAMÁTICA GUERRA DE INVIERNO CONTRA FINLANDIA LOS CARROS SOVIÉTICOS DESEMPEÑARON, EN GENERAL, UN PAPEL MUY POBRE

Las primeras operaciones con carros de combate tuvieron lugar en el istmo de Carelia, pero en estas primeras fases, las tácticas soviéticas eran muy básicas, poco más que una especie de carga de caballería. Para los soldados finlandeses, que jamás habían visto un carro, la imagen de un grupo de T-26 avanzando hacia ellos, disparando con los cañones y ametralladoras y sin poder responder con nada salvo sus armas ligeras, era más que suficiente para romper los nervios en los primeros días de guerra. De esta forma, el "terror a los carros" logró, igual que había ocurrido en Polonia y ocurriría en Francia, conseguir avances sin apenas disparar un solo tiro. Pero, pasados los primeros momentos de confusión, muy pronto los finlandeses aprendieron a enfrentarse a la amenaza acorazada, recurriendo no sólo a los cócteles Molotov, sino a las granadas de mano agrupadas en racimos, a cargas magnéticas de 10 kg, a sus formidables subfusiles Suomi disparando sobre cualquier abertura que presentase blindaje e incluso a la introducción de barras de acero en la suspensión de los T-26.

Una vez que la infantería lograba acercarse lo suficiente a un carro, tenía todas las ventajas. El problema era sobrevivir hasta conseguirlo. Las bajas entre las unidades encargadas de luchar contra los carros se

LOS ESQUÍS Y LOS RENOS fueron dos elementos que el ejército finés supo utilizar y que supusieron una gran ventaja respecto de los sistemas que empleaba el ejército soviético.

elevaron en algunos casos hasta el 70 % en esta fase. La artillería de campaña, sobre todo los cañones de origen francés de 75 mm y, en algunas ocasiones, la de costa también se cobrarían su sangriento tributo entre los carros soviéticos.

El día 30 de noviembre, bombarderos soviéticos SB2 con base en Estonia sobrevolaron Helsinki lanzando bombas y panfletos, anunciando al mundo que se habían limitado a lanzar cestos de pan sobre la hambrienta población de Helsinki. El uso que los finlandeses hicieron de los panfletos (de papel de pésima calidad) es fácil de imaginar. Otros objetivos en el sur del país fueron también atacados por la aviación soviética. En total, dos centenares de civiles finlandeses perecerían en estos primeros ataques aéreos, que también afectarían a la embajada soviética, cuyos miembros serían evacuados por el mercante alemán *Donau* el 2 de diciembre.

La magnitud de la ofensiva soviética, no obstante los primeros y decepcionantes resultados para Stalin, había sorprendido a los mandos finlandeses y, fruto de la confusión inicial e ignorando las órdenes de Mannerheim, varias unidades de primera

SOLDADOS FINLANDESES DE INFANTERÍA entrenándose con sus fusiles Mosin-Nagant en Viipuri, durante el verano de 1939.

línea se replegaron, siguiendo instrucciones del general Hugo Östermann, abandonando más de 22 km de territorio a los soviéticos, una pérdida que, en el caso de eventuales futuras conversaciones de paz con el enemigo, podría resultar muy peligrosa. Durante la retirada, eso sí, los finlandeses practicaron implacablemente la táctica de la tierra quemada, dejando al invasor sólo bosques, lagos y ruinas humeantes.

Los soviéticos intentaron aprovechar esta oportunidad y avanzaron, sobre todo en el norte, pero, carentes de una artillería que pudiese seguir el paso de la vanguardia y de pontones (que habían sido víctimas de la eficaz, aunque escasa, artillería finlandesa), se detuvieron ante el río Taipale. Con casi 200 m de anchura, sus heladas aguas constituían una formidable barrera natural. Al otro lado se encontraban las posiciones de la Línea Mannerheim y, bien pronto, la infantería soviética cayó bajo el mortífero fuego de la bien emplazada artillería finlandesa.

Para empeorar las cosas, el comandante soviético, Yakovlev, permaneció en la retaguardia, ignorante de la verdadera situación en el frente de batalla, lo que le valió un severo ultimátum por parte del general Boris Shaposhnikov y, una semana más tarde, la pérdida del mando y el retorno a Leningrado, donde pasaría a convertirse en un oscuro e incompetente funcionario. El mando del 7º Ejército pasó a Meretskov, pero el control global de la campaña pasaría a ser ostentado por el Mando Supremo del Estado Mayor (posteriormente

denominado *Stavka*), directamente bajo la supervisión del mariscal Kliment Voroshilov y del propio Stalin.

En el sector de Kuhmo, la 54ª División soviética, apoyada por un batallón de carros de combate T-26, avanzó por la carretera Repola-Hukkajarvi, en la cual, a los pocos kilómetros, habían instalado los finlandeses una posición de bloqueo formada por el 13er Batallón, una unidad de reservistas al mando del teniente Cáriala. Éste logró excavar unas trincheras bastante dignas de tal nombre y, con el apoyo de varias docenas de minas, varios rifles anticarro y granadas Klorihartsi (una versión del cóctel Molotov), se dispuso a frenar a los rusos. Nueve horas escasas después de rotas las hostilidades, las vanguardias soviéticas se toparon con la posición de bloqueo. Pronto se vieron sometidos al certero fuego finlandés y decidieron realizar un asalto frontal que fue rechazado con enormes bajas. Ante este contratiempo, avanzaron los carros T-26 que pronto se empantanaron en

LAS DURÍSIMAS CONDICIONES CLIMÁTICAS del frente de Petsamo, por el que marchan estas tropas finlandesas en diciembre de 1939, dificultaron enormemente el avance soviético.

el campo de minas finlandés. Los rifles anticarro finlandeses comenzaron a demostrar toda su valía y, muy pronto, el ataque de los carros se detuvo en seco.

Algunos decididos soldados finlandeses atacaron a los carros inmovilizados con sus granadas de mano y los Klorihartsi, incendiando a muchos; 35 de ellos resultaron destruidos. No obstante, la batalla era demasiado desigual y, tras haber logrado detener el avance enemigo durante varias horas y haberles causado un importante número de bajas, los hombres de Cáriala se retiraron a los espesos bosques que rodeaban la carretera.

El ataque soviético se había producido a todo lo largo de la frontera y su magnitud sobrecogió a los finlandeses. Además, provocó una pequeña crisis en el alto mando, pues Mannerheim era partidario de recuperar el terreno perdido, algo a lo que todos los demás se opusieron. La ofensiva se llevó a cabo también por mar, pues, en la mañana del día 1 de diciembre, el crucero pesado *Kirov*, escoltado por dos unidades menores, bombardeó las baterías de cabo Hanko, aunque sin precisión alguna. El fuego finlandés, por el contrario, sí resultó eficaz, y el averiado crucero se vio forzado a batirse en retirada.

EL CONDE PÁL TELEKI, primer ministro húngaro, organizó el envío de un batallón de voluntarios a Finlandia.

La reacción internacional

Los gobiernos europeos y norteamericano se vieron sorprendidos por el ataque soviético que nadie esperaba. Y, como era ya habitual, las reacciones fueron extraordinariamente lentas, y quedaron convertidas en poco más que buenas palabras. De hecho, Europa estaba en guerra oficialmente, pero no se habían producido enfrentamientos directos en fecha reciente. Incluso el gobierno británico vio una oportunidad para que se deteriorasen las relaciones contra natura entre Alemania y Rusia. En Alemania las reacciones fueron variadas. La oficialidad quedó escandalizada por la agresión, Goering estaba furioso, Ribbentrop aislado, y Goebbels, por su parte, veía una oportunidad para sacar tajada del estado de confusión, aun consciente del sentimiento pro-finlandés de la mayor parte del pueblo alemán. Italia, por su parte, reaccionó con violencia y, de hecho, fue el primer país en intentar algún grado de ayuda concreta a Finlandia, aunque no se llegaría a materializar.

Sólo Suecia, inicialmente, comenzó a prestar ayuda material, en la forma de fusiles y cañones anticarro así como munición de artillería. El principal temor sueco era una posible reacción alemana al apoyar a Finlandia directamente, algo que Goering quiso descartar en una entrevista con un delegado sueco, el 6 de diciembre. El otro país que prestó ayuda directamente fue Hungría, que preparó un contingente de unos 25.000 hombres, aunque, finalmente, sólo unos pocos centenares llegarían a Finlandia.

Una de las consecuencias de la invasión fue el estudio de una operación franco-británica para hacerse con el control de las minas de hierro de Gällivare y el puerto noruego de Narvik, cortando así el suministro del preciado metal a Alemania. Eventualmente, dicha operación se convertiría en el germen de la batalla por el control de Noruega, al coincidir con la operación Weserübung, la invasión alemana de Noruega.

La opinión pública norteamericana era claramente pro-finlandesa, como el propio Roosevelt, pero éste no quiso ir más allá de las palabras de apoyo para con la nación invadida, temeroso de un conflicto con el Congreso, y se limitó a un embargo más nominal que otra cosa contra la Unión Soviética. La Sociedad de Naciones expulsó a la URSS, aunque no tuvo capacidad de acción real.

LA CIUDAD DE VIIPURI, a la que se dirigen estos soldados fineses, era uno de los puntos estratégicos del istmo de Carelia.

SA295

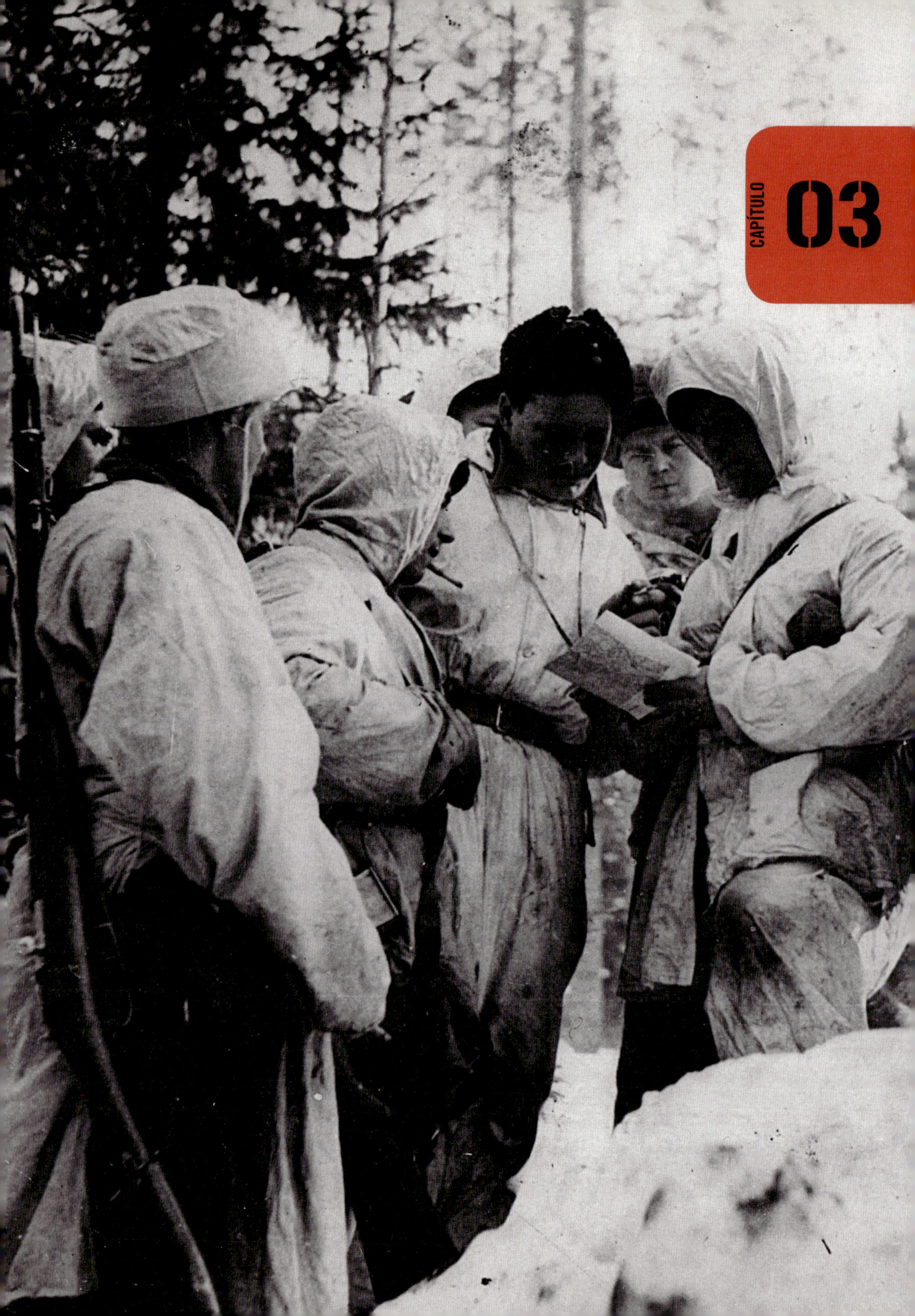

CAPÍTULO 03

EL EJÉRCITO ROJO SE ESTRELLA EN EL FRENTE CENTRAL

Frustrado intento de los soviéticos de alcanzar la costa del golfo de Botnia y partir Finlandia en dos, para acabar con cualquier posibilidad de defensa. Apenas lograron avanzar unas decenas de kilómetros, frente a los más de doscientos que cubría el objetivo.

El objetivo soviético en el sector central estaba claro para los finlandeses: tomar la ciudad portuaria de Oulu, en la costa del golfo de Botnia, seccionando así el país en dos y cortando su comunicación con Suecia por ferrocarril. El 9º Ejército soviético, al mando de Dujanov, atravesó la frontera y se encaminó hacia la villa de Suomussalmi, a la sazón con 4.000 habitantes, la primera localidad que se encontraba sobre la carretera que se adentraba en Finlandia desde la Unión Soviética. La encargada de tomar dicha localidad era la 163ª División. La única fuerza finlandesa en el sector era una sección de la policía de fronteras, con 58 hombres, al mando del teniente Elo, de 22 años, reservista que, en la vida civil, era maestro. Esta exigua fuerza pronto entró en contacto con los invasores, y comenzó una serie de intensos combates que, contrariamente a lo que se podía esperar, consiguió detener momentáneamente el avance a la división soviética.

TROPAS FINLANDESAS durante una pausa en los combates, aprovechan para leer un comunicado del mando.

Las imprudentes transmisiones de radio de los soviéticos, en abierto, fueron captadas por los finlandeses, que pronto tuvieron una clara idea de la situación. Y ésta no era buena para los soviéticos. En primer lugar, las fuerzas estaban divididas y dispersas, en territorio desconocido. Y, en segundo, había síntomas de insubordinación en el regimiento de vanguardia, el 662º, tras el primer contacto con tropas finlandesas que acababan de llegar al sector, en la forma del 16º Batallón, al mando del comandante Pallari. Éste lanzó un agresivo contraataque, el día 8, contra fuerzas muy superiores, y logró sembrar el caos entre los rusos. Tres días después, los rusos transmitieron que un comisario político había sido asesinado por sus propios hombres y que sus más de 200 bajas no habían sido reemplazadas. Los hombres de Elo habían cumplido con creces. El día 14, el regimiento ruso lanzó un ataque contra la aldea de Ketola, que fue rechazado, perdiendo otros 150 hombres. De su fuerza inicial, integrada por 2.000 soldados, el 662º había perdido la cuarta parte, entre heridos, congelados y extraviados, sin lograr uno solo de sus objetivos.

Mientras tanto, los otros dos regimientos de la división, el 759º y el 81º, habían logrado tomar Suomussalmi, movimiento que fue contrarrestado por los finlandeses con el rápido traslado del 27º Regimiento de infantería (con 4.500 hombres), al mando del coronel Siilasvuo, para reconquistar la población. Llegaron justo a tiempo, el día 10, pues ese mismo día el teniente Elo, sin tener conocimiento del envío de refuerzos y tras haber sufrido un 50 % de bajas en su unidad, se había suicidado. En esa fase de la guerra, las comunicaciones finlandesas se basaban en las líneas telefónicas y la mayor parte de los soldados tenían pánico a los carros de combate, pero, a pesar de todo, lograron detener el avance de las unidades soviéticas.

EL ÉTER SE LLENÓ DE UN TRÁFICO HISTÉRICO DE COMUNICACIONES ENTRE LOS MANDOS SOVIÉTICOS, TOTALMENTE DESBORDADOS POR LA SITUACIÓN

Durante las primeras horas del día 11, los hombres del 27º Regimiento se infiltraron, esquiando ágil y silenciosamente, por los bosques, logrando cortar la carretera que unía Suomussalmi con Raate, a unos 8 km al sudeste de la primera. La 163ª División soviética había quedado aislada.

Pronto, el éter se llenó de un tráfico histérico de comunicaciones entre los mandos soviéticos, totalmente desbordados por la situación, y la primera consecuencia fue el envío de la 44ª División, desde Raate, para intentar contactar con la división aislada en Suomussalmi. La 44ª División estaba considerada una unidad de élite y contaba con 17.000 hombres, además de una brigada acorazada adjunta, con 43 carros T-28. Para frenarla, los finlandeses sólo contaban con dos compañías que defendían la posición de bloqueo en la carretera.

Mientras tanto, Siilasvuo comenzó un agresivo contraataque contra la propia Suomussalmi, con el resultado de que, tras tres días de combates, los soviéticos supervivientes abandonaron los restos de la villa y huyeron hacia el noroeste. Poco después, por fin, llegó algo de artillería de refuerzo para Siilasvuo, en la forma de cuatro piezas de 76 mm y dos cañones anticarro Bofors de 37 mm. Con todos los refuerzos recibidos, la fuerza finlandesa apenas superaba los 11.500 hombres, cifra muy inferior a la del enemigo. Esta unidad constituía, en realidad, el núcleo de la 9ª División, la única reserva finlandesa, aunque carente de unidades de apoyo.

La 44ª División se encaminaba lentamente hacia su destino, a través de la estrechísima carretera de Raate, totalmente ignorantes del dispositivo finlandés. Éstos, fieles a su tradición, lanzaron, el día 23, un agresivo ataque contra la vanguardia de la división soviética, que no sólo detuvo su parsimonioso avance sino que, peor aún, originó el caos en la larga columna, que se desorganizó y fragmentó totalmente. Siilasvuo comenzó a desarrollar un plan destinado a aniquilar las dos divisiones soviéticas.

LA VALENTÍA Y EL INGENIO de los soldados finlandeses en su lucha contra los carros soviéticos fue proverbial. En la imagen dos soldados de maniobras, ensayando estas técnicas.

Por su parte, la aislada 163ª División intentó una ruptura el día 24 que acabó en desastre, con muchas bajas y más desorganización. En el tipo de combates que se desarrollaba, los finlandeses sacaban toda la ventaja de su conocimiento del terreno, su capacidad para moverse con esquís por los bosques, su iniciativa individual y su armamento. En él destacaba el formidable subfusil Suomi, de 9 mm, arma robusta y fiable, eficaz a las bajísimas temperaturas que tenían lugar, gracias a su sistema de lubricación y que, sin duda, constituyó el mejor subfusil de toda la guerra.

Durante los días siguientes se sucedieron los combates, con los finlandeses hostigando sin piedad las aisladas bolsas soviéticas y éstas, luchando tenazmente, con el inútil apoyo de los carros de combate, siendo progresivamente diezmadas. Las bolsas en las que las unidades soviéticas quedaron cortadas fueron denominadas *mottis,* palabra finlandesa que designa los cúmulos de troncos de árbol cortados, y que pronto se generalizaría para designar esta técnica de ataque.

Tuvieron lugar numerosas escaramuzas para la reducción de los *mottis*, y, en una de ellas, dos carros T-28 sorprendieron a una escuadra finlandesa en un bosquecillo más o menos abierto. Entonces, el teniente Huovinen ató juntas cinco granadas de mano y avanzó sobre los carros, cubierto, de forma muy optimista, por su compañero, el subteniente Virkki, que estaba armado solamente con su fusil ametrallador Lathi y que comenzó a disparar, desde una distancia de 40 m, sobre las mirillas y periscopios de los carros soviéticos. Los T-28 respondieron con una ráfaga de ametralladora y Virkki cayó, pero sólo para cambiar el cargador de su arma. Se levantó de nuevo y volvió a vaciar el cargador sobre los carros, para después hundirse de nuevo en la nieve ante el fuego de los carros. Esta mortífera danza se repitió varias veces, hasta que Huovinen logró aproximarse a la parte trasera de uno de los T-28 pero, ante su asombro, ambos carros, incapaces de defenderse del agresivo Virkki, dieron media vuelta y huyeron hacia sus posiciones de partida. Ésta es una muestra más de la agre-

UNA DE LAS COLUMNAS SOVIÉTICAS aniquiladas durante la batalla de Suomussalmi, la mayor victoria finlandesa. Multitud de vehículos de todo tipo cayeron en manos de los vencedores.

sividad con que los finlandeses se enfrentaron, con éxito, contra la amenaza acorazada, y de la timidez e ineptitud de los carristas soviéticos en esta fase de los combates, lo que les supondría grandes pérdidas.

El día de Año Nuevo, la 163ª División se quebró, tras varios días de agonía, y los supervivientes se dispersaron. Muchos, los más afortunados, fueron abatidos por los finlandeses, otros perecieron ahogados en los lagos y otros de hambre y frío, perdidos en los inmensos bosques. Sólo unos 500 soldados fueron hechos prisioneros. El botín con el que se encontraron los finlandeses fue enorme, sobre todo en armas ligeras, munición, artillería de campaña y anticarro, camiones e, incluso, carros de combate.

Era el turno de la 44ª División. En la madrugada del día 2 comenzaron los ataques contra los *mottis*, con los termómetros marcando 30 ºC bajo cero. Las armas soviéticas se helaban y dejaban de disparar, los motores de los vehículos no funcionaban, y las preciosas cocinas de campaña eran el blanco preferido de los morteros finlandeses. La única visión del enemigo que tenían los soldados soviéticos era, a menudo, la súbita aparición de una sombra fantasmagórica de entre la espesura del bosque helado disparando una ráfaga de subfusil, que desaparecía tan rápidamente como había surgido, sin dejar rastro alguno. El día 6, la división fue autorizada a realizar un "retroceso táctico". Los finlandeses capturaron un millar de prisioneros y 700 soldados soviéticos pudieron volver a su punto de partida, totalmente neutralizados para el combate. El resto de los componentes de la división soviética murió.

LOS SOVIÉTICOS YA HABÍAN DADO LA OFENSIVA EN EL CENTRO DEL PAÍS POR INÚTIL, Y SU ÚNICO OBJETIVO ERA ESTABILIZAR EL FRENTE

El comandante de la 44ª División, que se había salvado montado en un carro T-26 de mando, fue ejecutado por la NKVD delante de los 700 supervivientes. Para intentar estabilizar la situación, la *Stavka* (Reserva del Alto Mando) nombró a un nuevo comandante para el 9º Ejército, que se haría famoso durante la guerra, Vasili Chuikov.

La batalla de Raate-Suomussalmi constituye un triunfo sin precedentes en la guerra moderna. Los finlandeses, escasos en número y material, habían logrado detener la ofensiva soviética y aniquilado dos divisiones completas (las bajas soviéticas en hombres superaron las 30.000). El material capturado era considerable y serviría, en gran medida, para rellenar los vacíos depósitos finlandeses. El precio pagado por éstos fue de unas 1.700 bajas. Pero Siilasvuo y su 9ª División no habían acabado su trabajo aún. Más al sur se desplegaba su último blanco, la 54ª División de infantería de Montaña soviética, que se dirigía hacia Kuhmo. El día 22, los hombres de Siilasvuo entraron en contacto con el enemigo y el avance de la 54ª División se frenó en seco. Los termómetros alcanzaron los -40 ºC.

Los soviéticos ya habían dado la ofensiva en el centro del país por inútil, y su único objetivo era estabilizar el frente y atraer al mayor número posible de unidades finlandesas, detrayéndolas de otros sectores más críticos. La 54ª División quedó no sólo detenida, sino también, como sus hermanas, fragmentada y hostigada por todos los lados. La llegada de un batallón de refuerzo de esquiadores de la NKVD no mejoró la situación y dicho batallón, días después, resultó aniquilado en un ataque suicida en el sector del río Kesselinjöki. Enfrentados a los esquiadores finlandeses, los soviéticos no tuvieron muchas oportunidades y apenas hubo supervivientes. Los oficiales finlandeses quedaron sorprendidos por la pésima calidad de los esquís soviéticos. Por su parte, el dominio del aire de los rusos propició que la división pudiese, en cierto modo, ser reabastecida por aire. Muchos de los *mottis* de la 54ª División, aunque debilitados, continuarían resistiendo hasta el final de la guerra.

LA HUMILLACIÓN DE SUOMUSSALMI

Esta batalla supuso la aniquilación de las divisiones soviéticas 163ª y 44ª, en los alrededores de la villa y en la carretera de Raate. Los finlandeses, bien adaptados al clima y al terreno, podían moverse fácilmente y romper la cohesión de las líneas enemigas, que resultaron cruelmente diezmadas.

SOLDADO SOVIÉTICO

El equipamiento soviético era inadecuado para las duras condiciones de la zona

ESCENARIO DE LOS ATAQUES

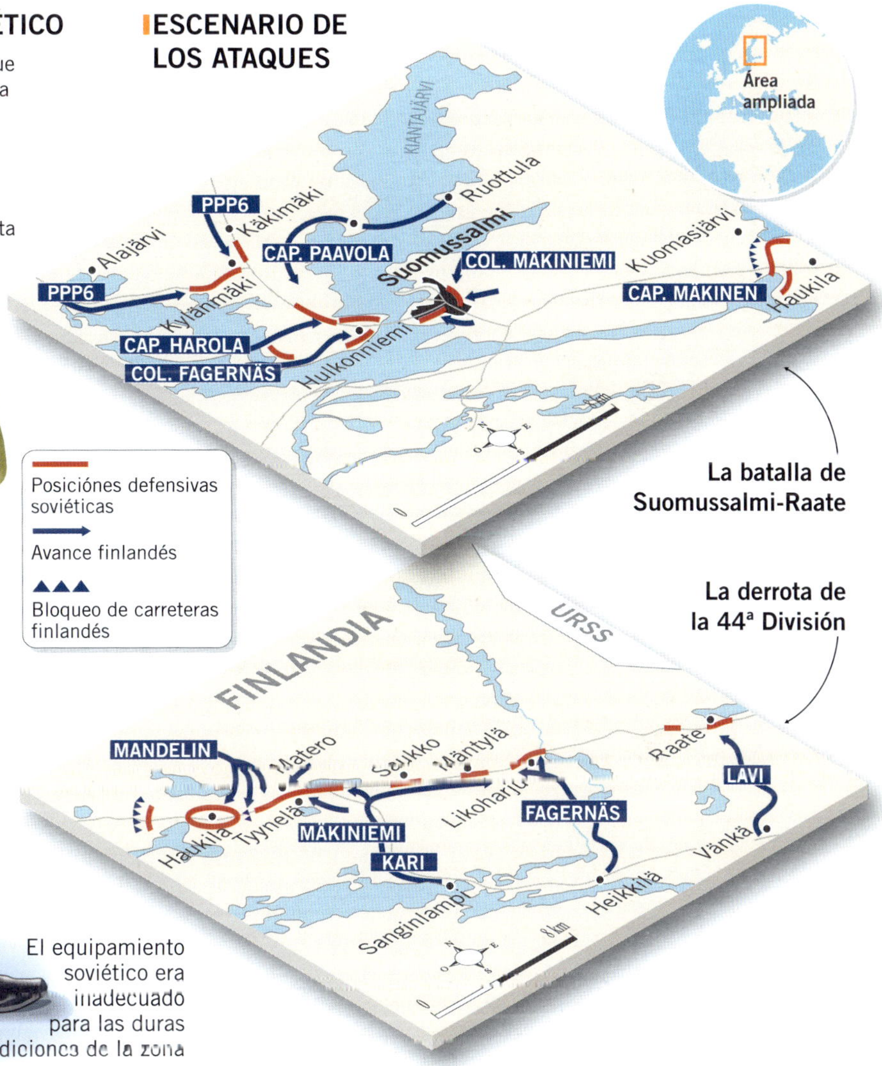

CRONOLOGÍA

5 de diciembre
Dos regimientos soviéticos llegan al cruce de Palovaara.

Día 7
Evacuación de Suomussalmi. Llegan los soviéticos.

Día 8
Los contraataques detienen a los soviéticos.

Día 10
Refuerzos finlandeses. Se planea el contraataque.

Días 11-13
Posiciones defensivas soviéticas alrededor de la ciudad.

Días 14-15
Los soviéticos no avanzan ni pueden con los 'mottis'.

Días 16-23
Siguen llegando los refuerzos finlandeses.

Días 28-30
Cesa la resistencia. Los soviéticos son aniquilados.

LARGA COLUMNA DE PRISIONEROS SOVIÉTICOS capturados tras la batalla de Suomussalmi atraviesa los bosques finlandeses nevados en enero de 1940.

Las otras dos divisiones del 9º Ejército, la 88ª y la 122ª, habían avanzado unos 40 km dentro del Círculo Polar, ocupando Salla y amenazando Rovaniemi, capital de la Laponia finlandesa. Frente a ellas sólo había un débil batallón finlandés que, no obstante, logró retrasar el avance. Al frente de las unidades finlandesas en Laponia se encontraba el veterano y pintoresco, pero no menos capaz, general Kurt Martti Wallenius. Pronto organizó un contraataque contra el flanco enemigo que se dio a la fuga, abandonando gran cantidad de material, incluidos varios carros de combate. Después, los soviéticos se atrincheraron en Salla, donde el frente se estabilizaría hasta el final de la guerra.

Más al norte, las cosas no fueron mejor para los atacantes soviéticos y sus unidades acorazadas no sólo no lograron éxito alguno, sino que, además, fueron ampliamente superadas por los ingeniosos finlandeses. En el sector de Tolvajärvi, por ejemplo, el 14 de diciembre, en el curso de un contraataque, un batallón finlandés fue detenido por la aparición de dos BT-7 y buscó refugio en una colina cercana, donde quedó "clavado". Casi 2 km a retaguardia se encontraba el único Bofors anticarro del batallón y, al percatarse de la situación, la dotación, al mando del cabo Mutka, lo arrastró utilizando un caballo de tiro que "tomó prestado" de una granja cercana. De esta manera, lograron sorprender a ambos carros, y los destruyeron con cuatro disparos.

El día 20, un nuevo ataque soviético, a cargo de un batallón de infantería y nueve carros, casi sorprendió a los finlandeses y los carros lograron, utilizando una pista por la que avanzaron a gran velocidad, arrollar a uno de los cañones anticarro allí apostado. De nuevo surgió la inmensa figura del cabo Mutka, que se abalanzó sobre el carro de cabeza, trepó hasta la torreta y logró introducir un explosivo en su interior, destruyéndolo y bloqueando el camino para los otros carros. Posteriormente, logró emplazar uno de los cañones de tal manera que destruyó

BATALLA DE SUOMUSSALMI (del 11 de diciembre de 1939 al 8 de enero de 1940)

Con una acertada estrategia de guerrillas, que partía y aislaba en pequeños grupos a las fuerzas soviéticas, la 9ª División del coronel Siilasvuo consiguió aniquilar dos divisiones rusas, la 163ª y la 44ª. Infligieron más de 30.000 bajas al enemigo y se incautaron de numeroso material de guerra (tanques, caballos, munición…) en la que fue la más importante victoria del ejército finlandés contra los soviéticos.

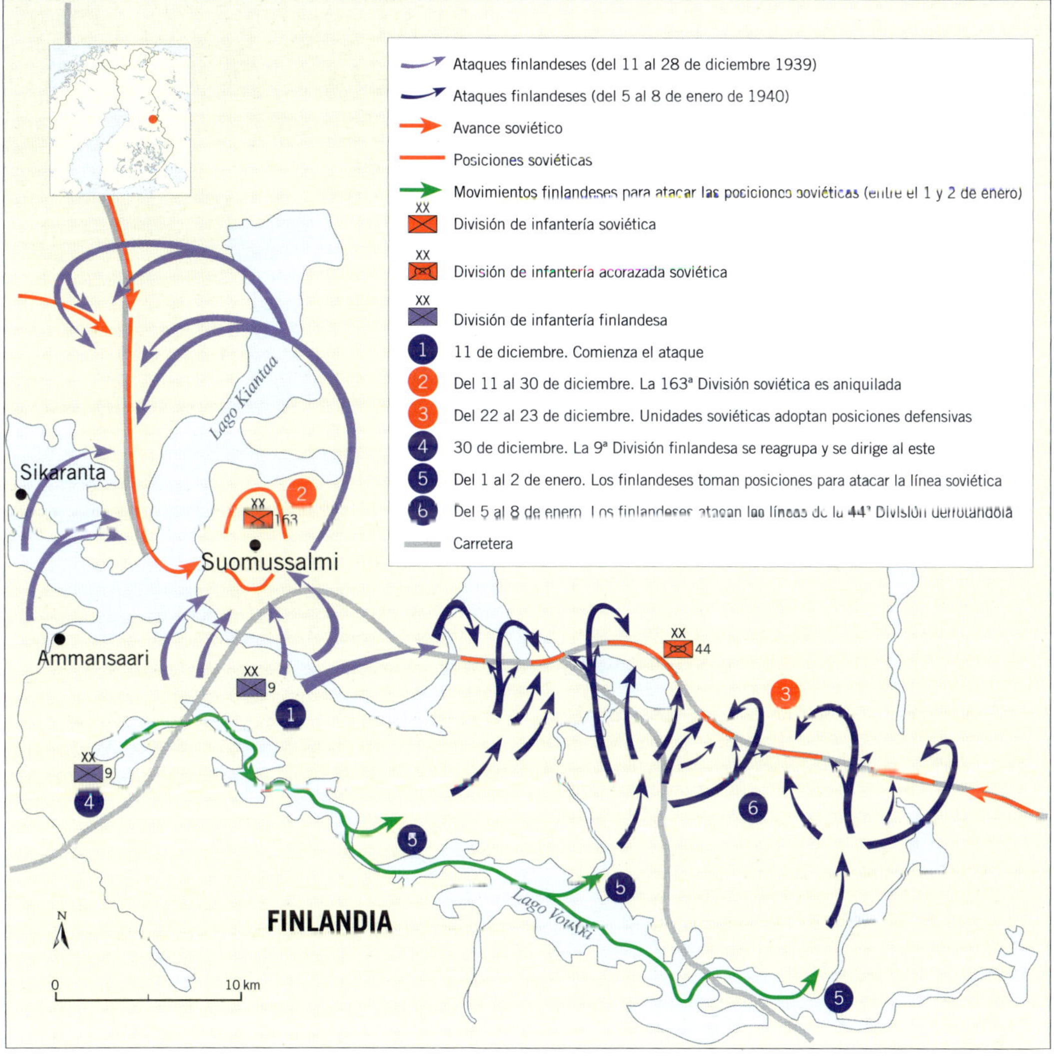

el último carro soviético de la columna. Luego siguieron otros dos más y, viendo lo que se avecinaba, las dotaciones de los carros supervivientes abandonaron sus vehículos intactos, con el motor aún en marcha y huyeron, dejándoselos a los finlandeses. Al final de los combates, prácticamente todos los carros y autoametralladoras soviéticas, unos sesenta vehículos, habían sido destruidos o capturados.

La batalla al norte del lago Ladoga

Mientras el 7º Ejército de Yakovlev penetraba por el istmo de Carelia, al norte del lago Ladoga, el 8º Ejército, al mando de Jabarov, con 130.000 hombres y más de 400 carros de combate, penetraba lentamente por los densos bosques. Enfrente sólo se encontraba el débil 4º Cuerpo de ejército finlandés, con dos divisiones y menos de 20.000 hombres, al mando del enérgico y capaz Hägglund.

Bordeando el lago avanzaba la 168ª División, en dirección a Salmi, flanqueada por la 18ª. Al norte de ambas avanzaba la 56ª y la 139ª, con el objetivo de tomar el nudo ferroviario de Kollaa. La más septentrional era la 155ª, que debía enlazar con el 9º Ejército, cuyo objetivo final era la ciudad de Oulu. Una vez capturada esta localidad, toda posible ayuda proveniente de Suecia sería bloqueada. Pero el avance soviético bien pronto se vio ralentizado por el terreno, pues las escasas pistas que atravesaban los espesos bosques apenas permitían el paso de tan grandes unidades. Los voluminosos tractores ChTZ y STZ, por ejemplo, utilizados para arrastrar la artillería, apenas cabían por ellas. Y después del paso de los carros, quedaban impracticables para ulteriores vehículos. Cuanto más penetraban en territorio finlandés, más aisladas quedaban las columnas soviéticas. Las escasas unidades finlandesas que les hacían frente no cesaban de hostigar a la vanguardia, aumentando la confusión y frenando aún más el avance. Aunque su número era muy escaso, los soldados finlandeses demostraban tener una magnífica puntería, eran muy buenos esquiadores, tenían una gran iniciativa individual, sabían moverse en el bosque y, además, tenían unos mandos sobresalientes. Era una combinación mortífera para los soviéticos.

Aunque el propósito inicial finlandés era detener el avance y hacer retroceder a los invasores, la decisión soviética de mantenerse en el terreno llevó, involuntariamente, a la formación de los *mottis*. Éstos supusieron, en realidad, un fracaso estratégico finlandés, pues su destrucción absorbió una cantidad de los escasos recursos de que

disponían que eran muy necesarios en otros sectores, pero llevó a la aniquilación de divisiones enteras, por parte de fuerzas muy inferiores, con el resultado de extraordinarias victorias tácticas, que asombraron al mundo. Sólo uno de los *mottis*, el de Kitelä, fue el resultado de una maniobra premeditada, el resto, simplemente, "sucedieron".

En el denominado saliente de Kitelä atacaron dos divisiones soviéticas, la 168ª y la 18ª, ambas con apoyo de carros, especialmente la 18ª, a la que se le había asignado la 34ª Brigada blindada. A mediados de diciembre, ambas unidades progresaban lentamente a través de un terreno dificultoso hasta para los defensores, cuando fueron detenidas por una firme posición de bloqueo en la carretera. Comenzaron entonces agresivos ataques sobre los flancos de las largas formaciones, de hasta 25 km de longitud, que lograron cortarlas en varios puntos, sin que los soviéticos consiguieran restablecer la comunicación entre sus unidades. En vez de intentar una ruptura decidida, bien sobre las posiciones de bloqueo, o para volver a la frontera, los comandantes soviéticos simplemente decidieron formar posiciones defensivas y aguardar. Los más de 200 carros y autoametralladoras que se encontraban en los *mottis*

| BLINDADO |

T-28

Este carro medio soviético demostró su escasa utilidad en los primeros combates en los que participó, no quedando ningún ejemplar en 1942.
Peso: 30 t. **Dotación:** 6. **Motor:** M-17 de 450 CV. **Vel. máx.:** 40 km/h. **Armamento:** 1 cañón de 76,2 mm y 3 o 4 ametralladoras de 7,62 mm DT. **Blindaje:** 30 mm.

| 'DRÔLE DE GUERRE' | SEPTIEMBRE 1939-MAYO 1940 |

LA ENGAÑOSA TRANQUILIDAD DE UNOS ESTADOS EN GUERRA QUE IMAGINABAN LO QUE SE AVECINABA

Mientras la Guerra de Invierno tenía lugar, en el resto de Europa, aunque nominalmente en guerra, los frentes estaban no sólo estabilizados sino excesivamente tranquilos, en una fase que ha recibido numerosas denominaciones: *drôle de guerre*, *phoney war*, guerra de los confetis, guerra de chiste, entre otras. La prensa norteamericana, sobre todo, especulaba sobre la inactividad de los frentes, una vez que Polonia había desaparecido, y sugerían que las potencias europeas aceptarían el hecho consumado y comenzarían las conversaciones de paz.

UN OFICIAL FRANCÉS examina una ametralladora alemana capturada por las tropas francesas durante la denominada 'phoney war', en el invierno de 1939-1940.

Por parte alemana, sus intenciones eran claras, mientras que la parte aliada parecía conformarse con la relativa calma de los meses del invierno. Cuando un avión alemán, con un oficial que llevaba los documentos relacionados con un futuro ataque sobre Francia, sufrió un accidente y fue capturado por los belgas, no se concedió demasiada importancia a la documentación hallada. Pero Hitler, furioso, decidió retrasar *sine die* la operación.

La guerra ruso-finlandesa puso un toque irónico, pues los aliados mostraban su simpatía hacia el país nórdico, mientras que los alemanes intentaban mostrarse neutrales a toda costa. Incluso se llegó a plantear la posibilidad de que los británicos y los franceses entrasen en combate contra los soviéticos.

En Francia la vida continuaba con tranquilidad, sin entrar en una economía de guerra a causa de dilaciones parlamentarias, y los obreros especializados eran llamados a filas como cualquier otro ciudadano de la República, perdiendo las fábricas de material bélico una muy necesaria mano de obra. Algunos sectores de la derecha francesa, deslumbrados por las rápidas victorias del ejército alemán, no dejaban de sentir cierta simpatía y admiración, y abogaban por una alianza franco-germana.

En el Reino Unido, por su parte, la situación tampoco propiciaba la guerra. Los sindicatos se oponían a cualquier medida que significase un aumento de la jornada laboral, y, en general, se percibía una cierta falta de patriotismo generalizada, apoyada por una cierta simpatía hacia el régimen de Hitler. Retrospectivamente, todo parece muy claro, pero, en los primeros meses de 1940, no había ninguna base sólida que permitiese augurar los acontecimientos que tendrían lugar en Europa a partir de mayo. [J.V.]

formaron círculos, junto con las numerosas piezas de artillería presentes y, en cuanto se quedaron sin combustible, quedaron inmovilizados. Fueron utilizados entonces como búnkeres, disparando a lo loco. Por las noches, los agresivos esquiadores finlandeses se aproximaban a ellos y los cazaban uno a uno, utilizando granadas y cargas de demolición, de tal forma que, noche tras noche, su número se fue reduciendo. Algunos carros fueron incluso abandonados por sus dotaciones ante la perspectiva que les aguardaba. Cuando, por fin, se probó un intento de ruptura, era ya demasiado tarde, y más de 3.000 rusos perecieron en un asalto suicida. Al final de la batalla, sólo 600 soldados rusos pudieron volver a sus líneas y los finlandeses lograron capturar, intactos, 105 carros, 12 autoametralladoras, y 237 camiones, además de numeroso material ligero y suministros.

EL EJÉRCITO FINLANDÉS disponía de equipos adaptados a las frías temperaturas y de esquiadores experimentados, lo que le confirió superioridad sobre el soviético. En la imagen, un soldado finlandés avanza en la nieve en diciembre de 1939.

Estas dos divisiones soviéticas, carentes de la más elemental instrucción para la lucha en invierno, habían penetrado por la cintura de Finlandia para cortar el país en dos, a través de una ruta que atravesaba espesos bosques, donde los movimientos eran, si cabe, más difíciles aún. Pero no así para los curtidos esquiadores finlandeses, perfectos conocedores de la región, que supieron sacar un magnífico partido del crudo invierno y del complicado terreno. De nuevo, las largas y torpes columnas fueron detenidas en una posición de bloqueo y comenzó el asalto a los vulnerables flancos, ante la pasividad soviética, formándose de nuevo numerosos *mottis*.

En el sector de Tolvajärvi el avance soviético amenazaba con hundir el frente finlandés. El día 2, el coronel Talvela, viejo amigo de Mannerheim, fue nombrado comandante del sector amenazado. Inmediatamente desplazó allí al 16º Regimiento, al mando del coronel Aaro Pajari, una de las pocas reservas con que contaban los finlandeses. Era vital atacar en ese sector y retomar Suojärvi, o se corría el riesgo de un hundimiento total.

El día 8, todo estaba preparado para el contraataque. Pajari, a pesar de estar gravemente enfermo del corazón (condición que ocultó), demostró una extraordinaria energía y capacidad táctica. Los finlandeses comenzaron a hostigar a las vanguardias rusas, atacando a través de los lagos helados, aunque, inicialmente, sin demasiado éxito. De hecho, tenían enfrente a toda la 139ª División soviética, y sufrieron bastantes bajas, especialmente entre los oficiales y suboficiales, que apenas podrían ser reemplazadas. Sin desanimarse, los finlandeses realizaron un atrevido ataque nocturno, infiltrándose entre los bosques con sus esquís, y sembrando el caos en las filas del 364º Regimiento con sus subfusiles Suomi, desapareciendo como fantasmas en la espesura. El efecto moral sobre los rusos fue enorme y totalmente desproporcionado, de tal forma que muchas unidades comenzaron a tirotearse entre sí, en medio de la confusión.

El día 9, mientras el estado mayor de la 18ª División estaba descansando en las cabañas del pueblecito de Aittojoki, una compañía de esquiadores finlandeses, la 27ª, al mando del teniente Perala, denominados *Sissi* (una suerte de comandos), se deslizó silenciosamente durante la noche por detrás de las líneas enemigas y, al amanecer, tomó posiciones en la población, sorprendiendo totalmente a los soviéticos. Los centinelas estaban cobijándose del intenso frío, totalmente ignorantes de la presencia de enemigos tan a retaguardia. Los *Sissi* los degollaron, y comenzaron a regar las cabañas con fuego de subfusil y a arrojar granadas y cócteles Molotov. La mayor parte del destacamento soviético fue aniquilada sin llegar a disparar un solo tiro. Ante la llegada de refuerzos soviéticos, los finlandeses se retiraron por la espesura tan silenciosamente como habían llegado.

UNA COMPAÑÍA FINLANDESA LOGRÓ SORPRENDER Y ANIQUILAR A UN BATALLÓN SOVIÉTICO AL COMPLETO

Un poco más al norte, una compañía finlandesa, al día siguiente, logró sorprender y aniquilar a un batallón soviético al completo que se había adelantado y confiado en exceso. Tras esos éxitos, Talvela decidió lanzar un contraataque bien organizado, ya con cierto, aunque escaso, apoyo artillero, el día 11. Pero, en la noche del 10 tuvo lugar uno de esos enfrentamientos que pasan a la mitología popular. Un batallón soviético que avanzaba en descubierta, de noche, logró acercarse sin ser detectado al cuartel general finlandés, pero, casualmente, lo primero que vieron fueron varias cocinas de campaña y se detuvieron a saquear lo que encontraron y a comer y beber. Los finlandeses aprovecharon este momento de relajación para concentrar a todos los soldados que pudieron, incluyendo a los cocineros, y contraatacaron buscando el cuerpo a cuerpo. En pocos minutos, el batallón soviético resultó aniquilado.

Por fin, el día 12, comenzó el contraataque de Talvela, cuyo objetivo inicial era un hotel situado en el medio de un lago, así como las posiciones de artillería soviéticas en una isla del lago Kotisaari. Las temperaturas cayeron por debajo de los –55 °C, lo que dificultaba en gran medida las operaciones para los combatientes de ambos bandos. Pero los hombres de Talvela avanzaron con gran resolución y lograron tomar sus objetivos tras reñidos combates cuerpo a cuerpo. La pérdida de la artillería, junto con las bajas sufridas en la lucha por la posesión del hotel, sembraron el pánico en la 139ª División que comenzó a retirarse desorganizadamente. Los finlandeses les persiguieron de cerca, con el objeto de retomar Suojärvi.

IMAGEN DE LA DESTRUCCIÓN SOVIÉTICA de la carretera de Raate. En primer término, un vehículo antiaéreo abandonado junto con el resto del convoy.

La *Stavka* respondió reemplazando a Jabarov por Shtern, de 39 años, muy apreciado por el propio Stalin. Pero, bien poco podía hacer en ese momento para restablecer la situación. Situación que, cerca del Ladoga, iba a ser aún más crítica. Allí, la 75ª y la 139ª División tomaron contacto con los finlandeses el día 12 y, de nuevo, tras las primeras escaramuzas, quedaron clavadas en el terreno, estableciendo posiciones defensivas en la localidad de Aglajarvi. Los finlandeses rodearon la villa el día 20 y comenzaron los ataques a los cercados soviéticos. Dos días después, la 75ª División no pudo soportar la presión y comenzó a salir de la ciudad para volver a su punto de partida. A lo largo del camino, los finlandeses no cesaron de hostigarlos, causando numerosas bajas.

En pocos días, otras dos divisiones soviéticas habían sido derrotadas. Pero la victoria había resultado cara, pues un 30 % de los oficiales y suboficiales finlandeses habían caído en el combate, así como un 25 % de los soldados, en total unas 1.900 bajas. Aunque habían infligido bajas siete veces mayores, estas cifras representaban una tasa de pérdidas que Finlandia no se podía permitir. En un momento dado, Mannerheim había estado a punto de ordenar cesar los combates y sólo la insistencia de los mandos de primera línea permitió la continuación de las operaciones.

El fracaso de los ataques en el istmo de Carelia y al norte del lago Ladoga se debió tanto a la resolución de los defensores como a la ineptitud del Ejército Rojo. Y no es que al soldado ruso le faltase valor ni estoicismo, pero carecía de preparación y sus mandos tenían un nivel, en general, deplorable. La planificación soviética había sido penosa, pecando de excesivo optimismo. La falta de cooperación entre las diversas unidades era exasperante. El control de fuego de la artillería resultó pésimo y las unidades de carros, con frecuencia, ignoraban por completo a la infantería acompañante, actuando por libre. Para empeorar las cosas, la doctrina soviética, sin duda consecuencia de las purgas de Stalin de 1937, exigía ceñirse totalmente al plan preestablecido, negando la posibilidad de adaptar la táctica a las circunstancias cambiantes del campo de batalla. Parece que su única táctica fuera la de la oleada humana, en un intento de arrollar a los defensores por pura superioridad numérica, renunciando a cualquier otra posibilidad. Ello condujo, inevitablemente, a un escandaloso e innecesario número de bajas.

Ya hemos visto cómo, en los primeros días de la guerra, los soviéticos habían logrado, utilizando ingentes recursos, llegar a la Línea Mannerheim, a un precio muy elevado, donde se habían detenido, carentes de ideas e iniciativas, situación que le costó el mando a su comandante. Los finlandeses habían cedido terreno debido a ciertos malentendidos y al "terror a los carros", pero las unidades que habían sentido tal pánico pronto se habían rehecho y ahora estaban establecidas en firmes posiciones defensivas. Si éstos hubiesen poseído un único batallón acorazado, podrían haber sembrado el caos en el bando soviético, pero el arma acorazada finlandesa era, en esos días, un embrión. Mannerheim pronto fue consciente del valor de los carros de combate y, cuando Finlandia volvió a entrar en guerra, en 1941, contó con decenas de carros, la mayoría rusos capturados durante la Guerra de Invierno y reacondicionados, así como modelos checos vendidos por los alemanes.

BLINDADO

BA-6

Esta autoametralladora soviética, eficaz como vehículo de policía, ofrecía muy pobres prestaciones como vehículo de combate, a pesar de su armamento.
Peso: 5 t. **Dotación:** 4. **Motor:** GAZ-A de 40 CV.
Vel. máx.: 55 km/h. **Armamento:** 1 cañón de 45 mm.
Blindaje: 10 mm. **Autonomía:** 200 km.

En un intento de romper el frente, y viendo que el sector más poderosamente defendido era el de Summa, Meretskov lanzó una finta en Taipale para atraer hacia allí las reservas finlandesas y poder debilitar la posición de Summa. Pero Mannerheim era plenamente consciente de tal idea, y la 10ª División finlandesa, encargada del sector de Taipale, sabía que no contaba más que con sus propios recursos y que no habría refuerzos.

El día 6 de enero de 1940 comenzó el ataque soviético, precedido de una fuerte preparación artillera durante cuatro horas. Cuando la infantería rusa se lanzó al ataque, atravesando la península de Koukunniemi, fue pulverizada por la artillería finlandesa, que tenía perfectamente comprobadas sus posiciones. Un limitado contraataque finlandés hizo huir en desbandada a los supervivientes.

El día 14, dos divisiones de infantería, apoyadas por carros de combate y 57 baterías de artillería, comenzó el segundo ataque. Se repitió la historia, con la artillería finlandesa abriendo un mortífero fuego en el último momento, sobre puntos preestablecidos que, en cinco minutos, dejó más de 500 cadáveres en el terreno, así como los restos de dieciocho carros de combate.

Una tercera división se añadió a los atacantes y más artillería, hasta alcanzar las 84 (contra nueve finlandesas). De nuevo se repitió el mismo patrón, con oleadas humanas de infantería soviética que avanzaba en formación cerrada contra las alambradas finlandesas, en las que eran barridos por las armas automáticas, los morteros y la artillería. Esta vez, incluso las baterías de costa finlandesas de seis pulgadas de Kaarnanjoki y Jariseva se unieron al combate y causaron, en menos de una hora, más de 1.000 muertos y destrozaron 27 carros de combate a los soviéticos en uno de sus inútiles ataques. Un cuarto ataque, el día de Navidad, no hizo más que incrementar la escandalosa cifra de muertos entre los soviéticos. Un agresivo contraataque finlandés los cogió totalmente por sorpresa, causando más de 2.000 bajas. A pesar

CAÑÓN FINLANDÉS DE 45 MM rodeado por sus servidores en un emplazamiento en barbeta. Muchos de estos emplazamientos fijos eran de defensa costera.

del optimismo inicial, los atacantes no habían logrado la ruptura en los primeros días y los finlandeses, recuperados del impacto inicial de los carros, habían aprendido rápidamente a enfrentarse a ellos, habían mantenido el terreno y desangrado a las primeras unidades de asalto soviéticas.

A lo largo de los 105 días de conflicto, la 10ª División finlandesa mantendría sus posiciones, aunque a costa de un elevado precio. Sólo en el mes de diciembre, sufriría 2.250 bajas, y casi otro tanto hasta el final de la guerra. Pero la zona del río Taipale se había convertido en una pesadilla para los soviéticos. Los últimos centenares de metros del asalto debían ser realizados sobre un terreno abierto, cubierto de hielo, y llevado a cabo por tropas sin experiencia en combate y sin equipo adecuado (no llevaban ropa de camuflaje, sólo sus largos capotes verdes). Los servidores de las ametralladoras finlandesas, en ocasiones, llegaron a abrir fuego cuando el enemigo se encontraba solamente a 50 m. La carnicería solía ser espantosa.

A mediados de diciembre, ante el fracaso de Taipale, el esfuerzo soviético se trasladó al sector de Summa. La 5ª División finlandesa, una unidad con soldados muy bisoños, se encargaba de ese sector. Su comandante albergaba serias dudas sobre su capacidad para aguantar un ataque de carros o para llevar a cabo un contraataque.

El 17 de diciembre tuvo lugar un decidido ataque soviético, tras una intensa preparación artillera de cinco horas y el ataque de más de 200 aparatos. Los finlandeses, a falta de nada mejor, habían establecido una suerte de barrera anticarro utilizando grandes piedras delante de sus posiciones. Los zapadores soviéticos lograron abrir, utilizando explosivos, grandes brechas en esta barrera, y un centenar de carros de combate se lanzaron a través de ellas seguidos por la infantería. Apenas había cañones anticarro y los finlandeses esperaron, con gran frialdad, a ser sobrepasados por los carros, para abrir entonces un fuego mortífero sobre la infantería que les seguía. Algunos carros, más confiados, optaron por trepar por las rocas, pero así exponían su débil blindaje del suelo y, además, quedaban con un enorme ángulo muerto, que algunos temerarios finlandeses aprovecharon para depositar minas en su camino.

SELLO DE CORREOS DE CARELIA, emitido durante la ocupación de la región de Carelia por la Unión Soviética entre 1941 y 1944.

Una vez que los carristas rusos se vieron aislados tras las trincheras finlandesas con su propia infantería incapaz de seguirlos, dieron la vuelta y volvieron a sus líneas de partida, donde, una vez reagrupada la infantería, establecieron posiciones defensivas para pasar la noche, a la espera de nuevas órdenes para el día siguiente, a modo de caravana del oeste. Ése era el momento que los finlandeses esperaban y comenzaron a infiltrarse en pequeños grupos, a través de las líneas soviéticas, para atacar a los carros con granadas y cócteles Molotov, amparados en la oscuridad. Los carros, sin abandonar sus posiciones estáticas, intentaban iluminar el paisaje circundante con sus faros, y abrían un alocado fuego contra todo lo que se movía, pero muchos de ellos quedaron fuera de combate en medio de este pandemónium. Los escasos cañones anticarro Bofors fueron emplazados cubriendo los pocos caminos que podían tomar los carros. Tras una noche caótica, un tercio de los carros soviéticos habían resultado destruidos.

Al día siguiente, de nuevo tras una masiva preparación artillera, 68 carros atacaron en un sector cercano, en Lähde. En esta ocasión, la escasa artillería de campaña finlandesa estaba presente, y diez carros resultaron destruidos durante la aproximación debido al fuego de alto explosivo. El resto logró aproximarse a las trincheras, y allí otros 15 resultaron destruidos por el certero fuego de los Bofors. La infantería sufrió una auténtica carnicería y más de 500 cadáveres quedaron sobre las alambradas y delante de las trincheras, componiendo una escena dantesca más propia de la Gran Guerra.

LOS FINLANDESES UTILIZARON TODO LO QUE TENÍAN CONTRA LOS CARROS, INCLUYENDO MINAS, MANOJOS DE GRANADAS Y CÓCTELES MOLOTOV

Los días 19 y 20 de enero entraron en acción, por vez primera, los carros pesados KV1, armados con un cañón de 76,2 mm y dotados de un espeso blindaje que los hacía invulnerables no sólo a la artillería de campaña sino a los anticarros de 37 mm. Unos pocos ejemplares habían sido enviados a toda prisa al frente, para ser probados en combate. Lograron romper las defensas y una veintena de carros logró llegar hasta la propia localidad de Summa, donde los combates se generalizaron en las estrechas calles. Los finlandeses utilizaron todo lo que tenían contra los carros, incluyendo minas, manojos de granadas y cócteles Molotov, además de vaciar los cargadores de sus Suomi contra las mirillas, los periscopios, los ventiladores, etc. Ocho carros quedaron ardiendo en las calles, incluidos dos de los poderosos KV, los primeros de este tipo en quedar fuera de combate en la Segunda Guerra Mundial, y el resto se retiró. Un batallón de carros ligeros, que debía apoyar esta penetración, se quedó sin combustible en las afueras de Summa y, por la noche, los carros fueron cazados uno por uno.

En los primeros días de combates en el istmo, los soviéticos habían perdido más de 250 carros de todos los tipos, tres quintos del total empleado. El comandante de una brigada acorazada soviética decidió desertar y pasarse a los finlandeses antes que afrontar las consecuencias de la derrota en su país. Tal era la moral y el clima en el Ejército Rojo en esa fase de la guerra. Los combates habían resultado de lo más encarnizado en la propia Línea Mannerheim. El búnker denominado Poppius, uno de los más potentes de la línea, fue atacado por los carros rusos, que lograron varios impactos directos en las troneras, neutralizándolas. Aislado por las oleadas de infantería soviética, su guarnición resistió durante 48 horas con sus armas ligeras, hasta que un contraataque finlandés logró restablecer la línea y cerrar la brecha.

La primera ofensiva contra la Línea Mannerheim en diciembre de 1939 había resultado un costoso fracaso. Siete divisiones de infantería, dos brigadas acorazadas, más de 500 cañones y casi 100 aviones no habían conseguido una ruptura y habían sufrido pérdidas enormes. El 60 % de los carros

BATALLÓN CICLISTA FINLANDÉS desplazándose durante una de las fases de la Guerra de Continuación.

habían quedado fuera de combate, gracias a la combinación de artillería, obstáculos anticarro y naturales, cócteles Molotov, cañones anticarro, rifles anticarro e, incluso, escuadras de infantería que disparaban con sus subfusiles contra las troneras, periscopios y cualquier parte vulnerable de un carro.

La infantería, por su parte, atacó con lo que Mannerheim denominó "un fatalismo incomprensible para un europeo". La victoria defensiva había sido asombrosa, pero los finlandeses eran muy conscientes de la ineptitud del enemigo y de sus propias carencias y limitaciones. ¿Qué hubiera sucedido si el enemigo hubiese manejado sus carros de forma profesional y hubiese logrado coordinarlos con la infantería? No se hacían ilusiones sobre el futuro.

Los mandos divisionarios finlandeses, fieles a su doctrina, deseaban lanzar un contraataque, a lo que Mannerheim, consciente de sus posibilidades, inicialmente se negó. Pero, dado el estado de la moral de los soviéticos, era posible que una demostración de fuerza por parte de los defensores fuese suficiente para provocar una desbandada.

De esta forma, tras la debacle soviética, surgió la idea de un contraataque a lo largo de un frente de 40 km, recurriendo a elementos selectos de hasta cinco divisiones. El objetivo era atacar por ambos flancos de la 138º División soviética, aislarla y destruirla. El efecto moral sería devastador y la victoria política tendría mucha más importancia.

En efecto, en esos días, se suponía que el Ejército Rojo debía estar desfilando por las calles de Helsinki, mientras que el gobierno títere de Kuusinen les aclamaba y restablecía la dictadura del proletariado en el "liberado" país. La imagen internacional de un potente contraataque finlandés no podría resultar más devastadora para la Unión Soviética.

ESCUDO DE ARMAS de la localidad finlandesa de Suomussalmi.

Finalmente, tras muchas reticencias, el comienzo del contraataque se fijó para las 06:30 h del día 23 de diciembre. El plan tenía muchas lagunas, especialmente con respecto a la potencia de las unidades soviéticas, pues la constante presencia de la aviación rusa en el istmo hacía imposible el reconocimiento aéreo y las patrullas de tierra sólo proporcionaban una información muy limitada. Además, puesto que aún se estaban realizando operaciones de limpieza, era muy difícil retraer unidades para el contraataque y, más aún, coordinarlas con la artillería y entre sí. Elementos de la 5ª División atacarían directamente hacia el sur, desde Summa, apoyados por la 6ª División, que debía contactar con la 1ª, envolviendo la retaguardia soviética. La 4ª y la 11ª Divisiones realizarían los movimientos de flanqueo, con el objeto de acorralar a la infantería soviética entre los ríos Perojoki y Summajoki, donde podría ser pulverizada por la artillería finlandesa. Era un plan ambicioso, pero Mannerheim urgía a sus mandos a no correr riesgos innecesarios y a extremar las precauciones, pues no estaba claro el dispositivo soviético con el que se podrían encontrar.

El ataque no comenzó bien, pues, nada más dejar sus posiciones de partida, la novata 6ª División fue batida por la artillería rusa. La 5ª División, sin cañones anticarro, fue detenida por una fuerte concentración blindada rusa, mientras que la 1ª División, aunque progresó hasta el lago Perklärvi, fue detenida por una posición de bloqueo formada por carros e infantería, que adoptaron una disposición "en círculo de carros", totalmente estática, pero eficaz contra un enemigo carente de armas anticarro. El comandante Öhqvist, defraudado por los escasos resultados y las bajas, ordenó la cancelación del ataque.

Las bajas habían resultado elevadas, pues el 2º Cuerpo sufrió 1.300 (el 1 % de las tropas del istmo) y, peor aún, la moral también se resintió. No obstante, el efecto político fue notable, pues convenció al mundo del fracaso definitivo de la ofensiva soviética en el istmo de Carelia. Para las tropas de primera línea, el cese de las operaciones junto con la llegada, muy oportuna, de suministros y regalos de Navidad, gracias a la brillante actividad de la Lotta Svard (una organización paramilitar femenina, que supliría en muchos puestos a los varones, y alcanzaría los 100.000 efectivos), fue un momento de reposo.

El último acto de la primera ofensiva soviética tuvo lugar al norte del Círculo Polar, en el sector de Petsamo, puerto libre de hielos unido al resto del territorio finlandés por una estrecha carretera, y valioso por la presencia de unas enormes minas de níquel. Para su

UN MIEMBRO DEL MOVIMIENTO FEMENINO DE LA LOTTA SVARD estableciendo comunicación por vía telefónica. Estas unidades civiles desempeñaron un papel de apoyo decisivo.

defensa, los finlandeses sólo contaban con una compañía de infantería y una batería de artillería de campaña dotada de piezas provenientes del siglo XIX.

El avance soviético inicial, por parte del 14º Ejército, fue arrollador, ocupando la península de los Pescadores y avanzando hacia el sur en tres columnas. Pero los escasos finlandeses supieron aprovechar el terreno hábilmente, hostigando sin cesar a las vanguardias rusas, rehusando el combate y rompiendo el contacto antes de que el enemigo pudiese reaccionar. Las temperaturas cayeron, en ocasiones, por debajo de los -50 ºC y el terreno era extraordinariamente inhóspito. Fue demasiado para los soviéticos, que fueron ralentizando su avance hasta que, el día 18 de enero, establecieron posiciones defensivas en Nautsi enterrando sus carros, como ya era habitual. Dichas posiciones se mantendrían hasta el final de la guerra.

CAPÍTULO 04

ESTANCAMIENTO EN ENERO Y GUERRA EN EL MAR

A los desastres de las fuerzas soviéticas terrestres en el frente central y en el istmo de Carelia se unieron los fracasos de su potente Flota del Báltico, que se mostró incapaz de superar la eficiencia de la artillería de costa finlandesa en el golfo de Finlandia.

El día de Año Nuevo de 1940 se difundió la noticia de la destrucción de la 163ª División en Suomussalmi, así como la de la 44ª en la carretera de Raate. La situación militar pareció estancarse, y el mundo contuvo el aliento. Pero, en Moscú, Stalin, desesperado por los acontecimientos, estaba furioso y decidió hacer un cambio radical. En primer lugar resolvió desempolvar el plan original del mariscal Boris Shaposhnikov, que consistía en realizar un ataque concentrado en un sector del istmo de Carelia. Ése era el plan más temido por los finlandeses, aunque condenaba a las unidades rusas que se encontraban alejadas del escenario a permanecer en sus posiciones y arriesgarse a una destrucción más que probable. Pero Stalin no tenía muchas otras opciones y no dudaba en sacrificar a sus soldados para conseguir sus objetivos. Además, la Flota del Báltico se había revelado inútil y la Fuerza Aérea estaba siendo desangrada por los agresivos pilotos finlandeses y su mortífera artillería antiaérea.

Mientras tanto, en Francia tomaba forma la posibilidad de una acción en Escandinavia, auspiciada por el general Maurice Gamelin, e incluso en la lejana Siria, su sucesor Maxime Weygand estudiaba la posibilidad de atacar los pozos petrolíferos de Bakú. Por su parte, en el Reino Unido, se contemplaba la posibilidad, cada vez más cercana, de ocupar Narvik, en Noruega, para cortar el suministro de hierro a Alemania. Churchill auspiciaba tal plan, pero no hacía mención alguna sobre Finlandia. Los alemanes, por su parte, estudiaban con gran interés las tácticas empleadas por el Ejército Rojo, pero sin extraer las conclusiones adecuadas. Su evaluación no tuvo en cuenta la opinión de los finlandeses, y se basó en las primeras –y desastrosas– experiencias, algo que los propios soviéticos se dieron prisa en analizar para mejorar en el futuro.

Increíblemente, en fecha tan tardía como el 10 de enero, tuvo lugar algún intento de

SOLDADO FINLANDÉS, armado con un subfusil Suomi, delante de un KV1 destruido durante la Guerra de Continuación.

BLINDADO

BT-5 MODELO 1933

Este carro ligero soviético, con suspensión de tipo Christie, era capaz de rodar sin cadenas, una característica poco común, utilizando únicamente sus grandes ruedas. **Peso:** 11,5 t. **Dotación:** 3. **Motor:** M-5 de 350 CV. **Vel. máx.:** 52 km/h. **Armamento:** 1 cañón de 45 mm y 2 ametralladoras de 7,62 mm. **Blindaje:** 13 mm.

acercamiento diplomático entre Rusia y Finlandia a la vista del estancamiento militar, que como era previsible no prosperó. A la vez, crecían los movimientos en Francia, Reino Unido, Estados Unidos y Suecia, entre otros, para ayudar a los finlandeses, tanto proporcionando material como por medio de voluntarios y, eventualmente, de una intervención directa. La diplomacia soviética también se movía para intentar bloquear tal eventualidad. Por su parte, Noruega veía cómo sus aguas territoriales eran repetidamente violadas tanto por los alemanes como por los británicos, y temía que se realizase alguna operación, por parte de cualquiera de los dos bandos que pusiese en peligro no sólo su neutralidad sino su propia integridad territorial.

Los finlandeses estaban dispuestos a comprar casi cualquier cosa y los británicos a vendérsela, pues, a lo largo del conflicto, no les regalarían nada, a pesar de la propaganda posterior. Entre ese material se encontraría un escuadrón de cazas Hurricane que llegaría en los últimos días de guerra.

Pero lo que necesitaba Mannerheim, y era casi imposible que obtuviera, eran soldados. Estimaba la cifra mínima en 30.000 hombres para poder mantener las posiciones. Churchill elaboró varios discursos muy ambiguos con respecto a una posible interven-

ción y, de hecho, estaba pensando en intervenir en Noruega, para lo que envió a varias unidades a entrenarse en el esquí a Chamonix, en los Alpes. La intervención tendría lugar en abril, con un resultado desastroso. Pero parece bien claro que nunca contempló en serio una intervención en Finlandia.

La guerra en el mar

Las operaciones navales durante la Guerra de Invierno se redujeron al mínimo, debido a las condiciones climatológicas que dificultaban la navegación, o simplemente la impedían. De hecho, el golfo de Botnia suele helarse totalmente durante varios meses al año.

Con el comienzo de las hostilidades, la Flota del Báltico declaró la guerra submarina sin restricciones y comenzó a hostigar distintos emplazamientos de la costa de Finlandia. El objetivo era impedir todo tipo de tráfico desde y hacia el país escandinavo, pero en enero el mar se heló y las actividades navales cesaron por completo.

La Marina finlandesa era muy pequeña al comienzo de la guerra. Contaba con un total de 64 unidades, de las que 30 pertenecían a la Armada y 17 a la Guardia Costera. Nueve naves fueron requisadas de compañías civiles. El mando de la flota lo desempeñaba el comodoro Róala, que era muy consciente de sus limitaciones. El principal objetivo de la flota finlandesa consistiría en impedir desembarcos en la costa meridional. Aparte de bases menores, las principales unidades estaban estacionadas en Vaasa y en Turku. Elementos principales de la flota eran los rompehielos, imprescindibles para mantener abiertas las vías de comunicación más necesarias durante los meses de invierno.

Para complementar a la armada, Finlandia contaba con una artillería de costa de cierta entidad, dado el tamaño del país. El 1er Regimiento de artillería de costa estaba estacionado en el área de Helsinki, el 2º protegía el flanco derecho del istmo de Carelia, mientras el 3º estaba estacionado en el sector del lago Ladoga. La mayor parte de su arsenal consistía en piezas que databan de la Primera Guerra Mundial y habían sido dejadas *in situ* por sus anteriores propietarios, e incluían piezas de 152, 254 y 305 mm.

De lo que carecía la armada finlandesa era de fuerza aérea propia. Las principales baterías costeras se encontraban en Saarempää, Tiurinsaari, y Humaljoki, en el sector de Koivisto, y, en el de Viipuri, en Ristriemi, Satamaniemi Tuppura y Ravansaari. La mayor parte de las baterías estaban artilladas con piezas Canet de 152 mm, que disparaban un proyectil de unos 50 kg con un

FÁBRICA DE BOMBARDEROS Bristol Blenheim, en mayo de 1939. Este bombardero de fabricación británica entró en acción durante los primeros meses de la 'drôle de guerre'.

alcance de 20 km y una cadencia de tiro de hasta seis disparos por minuto. Una de las baterías contaba, además, con dos piezas rusas Durlacher de 254 mm, que disparaban un proyectil de 230 kg a una distancia de casi 30 km, y otra con dos Obuhov de 305 mm, que disparaban un proyectil de hasta 470 kg a una distancia de más de 35 km.

El total de miembros de las fuerzas navales era de unos 33.000 hombres, de los cuales la mayoría pertenecían a la artillería costera. Casi todas las dotaciones de las naves eran gente de cierta edad y los oficiales, en su mayoría, pertenecían a la reserva. Además de las unidades navales y la artillería costera, un elemento fundamental eran las minas que, entre otras cosas, servían para cerrar el golfo de Botnia al avance de las unidades soviéticas.

El primer día de guerra los soviéticos atacaron diversos emplazamientos costeros finlandeses, utilizando tanto destructores como aviones. Varios islotes fueron ocupados por la infantería de marina soviética y una lancha patrullera, con cuatro tripulantes, fue hundida por un destructor. La pequeña isla de Suursaari, en el golfo de Finlandia, fue tomada por un contingente de más de 1.500 soldados rusos tras ser abandonada por su exigua guarnición finlandesa. También durante el primer día, algunos pesqueros fueron capturados por los destructores soviéticos, y los bombarderos SB-2 realizaron varios ataques, totalmente infructuosos, contra las unidades navales finlandesas.

El 1 de diciembre, el crucero *Kirov* y dos destructores, bombardearon la batería costera de Russarö, pero se tuvieron que retirar por el eficaz fuego de contrabatería, que causó daños de consideración en el crucero y en uno de los destructores.

Los finlandeses habían comenzado a sembrar minas durante los últimos días del mes de octubre, dada la evolución de las

conversaciones, con el objeto de cerrar la mayor parte de las vías de comunicación al enemigo. Entre otros puntos, se sembraron minas en el sector de Viipuri, Helsinki, Pellinki y Kotka. El golfo de Botnia quedó cerrado por las minas a principios de diciembre y, en enero, se instalaron además, redes antisubmarinas, para impedir la entrada en el golfo a los sumergibles soviéticos. Éstos, por su parte, aprovechando la orden de guerra submarina sin restricciones, que fue efectiva a partir del día 12 de diciembre, lograron hundir cinco naves: una finlandesa, una sueca, una estonia y dos alemanas, es decir, dos pertenecientes a su propio aliado en ese momento, dos neutrales y sólo una del enemigo, todo un logro del arma submarina soviética.

| ARTE Y CULTURA | SIGLO XX |

EL REALISMO SOCIALISTA

A finales de los años treinta, el arte en la Unión Soviética estaba dedicado a consagrar los logros de la patria socialista y, por supuesto, a exaltar la figura de Stalin, cimentando el culto a la personalidad. Toda manifestación artística que no fuese en esta línea oficial quedaba prohibida, por lo que todo arte abstracto, simbólico o surrealista, sujeto a interpretación del espectador, que no explicitase los avances de la economía y los éxitos del trabajo, quedaba condenado como burgués y contrarrevolucionario.

El control ideológico del arte había comenzado en 1932, oficializándose dos años después y extendiéndose desde la literatura a todas las esferas artísticas. En los cuadros, esculturas y obras literarias habían de exaltarse los valores de sacrificio en el trabajo, la productividad agraria e industrial, el culto al trabajador y campesino esforzado, los tractores, las locomotoras y las máquinas como impulsores de la productividad y de mayor bienestar para las masas, las abundantes cosechas, las vacas gordas, y los ciudadanos soviéticos felices, sonrientes, y con las mejillas sonrosadas, con flores, henchidos de gozo y agradecimiento por el nuevo sistema socialista y su hacedor, el "padre" Stalin. Todo ello era el realismo socialista, que también y por fuerza debía ser optimista. Una de las obras más significativas fue la gigantesca escultura *Obrero y campesina del kolkhoz*, creada para la exposición universal de París en 1937, que avanzan decididos enarbolando una hoz y un martillo. Curiosamente, el pabellón soviético estaba ubicado justo enfrente del alemán que, a su vez, estaba coronado por una enorme águila.

'OBRERO Y CAMPESINA DEL KOLKHOZ', escultura de 24,5 m en acero inoxidable realizada por Vera Mukhina para el pabellón soviético de la exposición universal de París de 1937.

Stalin se entrometió especialmente en el cine, lo mismo que todos los dictadores, pues vio en él una enorme potencialidad propagandística. Todas las películas pasaban antes por su supervisión, removiendo actores, guiones y decorados. Los temas preferidos eran los revolucionarios, en donde se exaltaba una vez más la capacidad de los dirigentes bolcheviques, y los históricos bélicos, en donde se ensalzaba la unidad del pueblo ruso frente a las invasiones extranjeras, tanto las provenientes del este como del oeste. Entre las películas destaca *Alexander Nevski*, de Einsenstein, de 1938, en donde se exalta la figura de este héroe humilde que se convierte en vencedor de mongoles y teutones; una clara alegoría a las amenazas expansionistas de Japón y Alemania.

Especialmente complicado resultó el control de música. Autores consagrados como Prokófiev, Kachaturián o Shostakóvich fueron censurados porque sus sinfonías, a los oídos de los críticos, no reflejaban con suficiente contundencia la alegría de la clase obrera y del campesinado ante el nuevo orden socialista. Toda pieza de carácter intimista, o melancólica, era considerada individualista, burguesa, contraria a los intereses socialistas y desmotivadora.

En este clima de represión los autores optaron por autocensurarse y crear sólo conforme a los cánones permitidos por el poder estalinista. Sin embargo la guerra contra Finlandia y la que se avecinaba contra Alemania iban a desmoronar el mito de la eficiente y poderosa Unión Soviética, dirigida por el sabio protector "padre" Stalin. Las cosas, y para empezar el ejército, no eran tan perfectas como se pretendía hacer creer a través de un arte convertido en mera propaganda. [J.C.L.]

El día 9 de diciembre, la batería costera de Saarempää rechazó el ataque de tres destructores y, al día siguiente, el acorazado *Oktyabriskaya Revolutsa,* con una potente escolta compuesta por cuatro destructores y diez unidades menores, atacó de nuevo. La visibilidad era muy escasa y el fuego finlandés resultó ineficaz. Pero los cañones de 305 mm del acorazado, aunque no consiguieron blancos, obtuvieron un éxito inesperado, pues los cañones finlandeses habían sufrido un pésimo mantenimiento en tiempo de paz y, después de 18 disparos, todas las piezas de 254 mm estaban inservibles, hasta el punto que uno de ellos llegó a reventar. El 14 de diciembre, tuvo lugar otro ataque por parte de dos destructores a la batería costera de Utö, que también, con un eficaz fuego, logró repeler el ataque tras causar daños en uno de los destructores soviéticos.

Para apoyar los ataques en el istmo, los acorazados *Marat* y *Oktyabriskaya Revolutsa* bombardearon de nuevo la batería finlandesa los días 18 y 19 de diciembre, en la que sería la última acción antes del cierre a la navegación por causa del hielo.

El día 18, uno de los acorazados, junto con seis destructores y diez unidades menores, atacó utilizando un avión para regular el tiro. Sólo uno de los cañones finlandeses

7ª CONFERENCIA DEL SOVIET SUPREMO en 1940, en la que se decidió la anexión de las tres repúblicas bálticas para establecer un territorio escudo en caso de un ataque alemán. El mariscal Timoshenko, en el centro de la imagen.

estaba operativo y el tiro inicialmente no fue bueno. El acorazado se aproximó para obtener impactos directos, pues, a lo largo de más de una hora, su fuego resultó ineficaz. Disparó un total de 209 proyectiles de grueso calibre y varios centenares de otros más ligeros, pero sólo causó cinco heridos entre los defensores. Los finlandeses, por su parte, lograron un impacto directo, tras el cual los soviéticos se retiraron. Habían disparado casi 50 proyectiles de 254 mm y 13 de 152 mm.

Al día siguiente le tocó el turno al *Marat*. Esta vez, los finlandeses ya tenían más cañones operativos, tras una larga noche de reparaciones. Pero, para engañar a los soviéticos, decidieron que sólo abriera fuego un cañón cada vez. Poco después de las once de la mañana, el acorazado, junto con sus seis destructores y otras unidades menores, se aproximó y comenzó a disparar desde más de 23 km de distancia. Poco a poco, las distancias se fueron cerrando y el

UN MORTERO FINLANDÉS de 81 mm en acción, en una de las posiciones de la Línea Mannerheim, en el istmo de Carelia.

fuego ruso se hizo más preciso, de tal forma que casi todos sus 136 disparos de grueso calibre cayeron en un radio de unos 150 m desde el puesto de mando de la batería. Pero los finlandeses obtuvieron un impacto directo, tras disparar 35 proyectiles de 254 mm y 13 de 152 mm, y los soviéticos, una vez más, se retiraron.

EL CONDE ERIC VON ROSEN DONÓ EN 1918 a la aviación finlandesa su primer avión militar que tenía como amuleto de buena suerte el símbolo de la esvástica de origen hindú. Fue éste el emblema adoptado por las fuerzas aéreas de Finlandia desde 1918 y hasta 1945.

A partir de ese momento, las baterías costeras finlandesas sólo serían atacadas desde el aire y, con el tiempo, por la artillería de campaña soviética. Entrarían en acción contra la ofensiva terrestre soviética en breve.

En el lago Ladoga tuvieron lugar varios enfrentamientos, en general muy poco conocidos. Los finlandeses contaban allí con cinco pequeños cañoneros, tres minadores, dos dragaminas y varias unidades menores. Su unidad más potente era el *Aallokas*, de 300 t y armado con dos piezas de 75 mm. A principios de diciembre comenzaron las operaciones de minado, pero los soviéticos no sufrirían bajas por esa causa. Los barcos transportaron a un destacamento de infantería a la isla de Mantsi antes de ser suspendidas todas las operaciones navales a partir del día 17 de enero, debido a la congelación del lago. Se perdería un transporte por un ataque aéreo y otras unidades por accidentes.

Una parte más activa de la guerra naval fue la submarina. Además de la "brillante" actuación de los soviéticos, los tres pequeños submarinos finlandeses, muy similares a los tipo II germanos, se dedicaron a la guerra de minas fundamentalmente, mientras las condiciones lo permitieron. El 8 de diciembre comenzó una intensa actividad de protección de convoyes. El rompehielos *Sampo* embarrancó el 6 de enero y no sería rescatado hasta la primavera. Durante los meses de diciembre y enero, casi 350 barcos lograron transportar su carga sin sufrir una sola pérdida. La única víctima fue el escolta *Aura II*, hundido el 13 de enero. La pérdida tuvo lugar debido a la explosión accidental de una carga de profundidad, cuando estaba atacando a un submarino ruso que había lanzado dos torpedos contra el convoy al que escoltaba. El submarino, presumiblemente, también sufrió daños.

El día 11, el rompehielos *Tarmo*, soportando una temperatura de -40 °C, atacó a varias embarcaciones soviéticas que se encontraban atrapadas en el hielo con sus cuatro piezas de 120 mm. Pero el frío era tal que los cañones no funcionaron y el barco se retiró. Una semana después, resultó alcanzado por dos bombas de aviación, pereciendo 39 hombres, aunque el barco pudo ser salvado. A lo largo de toda la Guerra de Invierno, de unos 400 barcos que navegaron desde y hasta Finlandia, se perderían diez, de los cuales sólo la mitad eran mercantes finlandeses. Cuatro de ellos lo fueron por ataques aéreos y sólo uno por la acción de un submarino. La potente flota soviética de superficie del Báltico no había servido prácticamente para nada.

ATAQUE EN EL ISTMO DE CARELIA: CHOQUE DIRECTO DE SOVIÉTICOS Y FINLANDESES

Aunque el plan soviético contemplaba inicialmente el ataque en varios puntos de la línea fronteriza, el esfuerzo bélico principal se concentraría en el istmo de Carelia, desde donde sería posible tomar Viipuri, y dirigirse hacia Helsinki.

FUERZAS AL INICIO DEL CONFLICTO

	Finlandia	Rusia
Hombres	260.000	1.000.000
Carros de combate	30	6.500
Aviones	130	3.800
Unidades navales	64	2 acorazados, 2 cruceros pesados, 3 submarinos.

LAS POSICIONES EN EL ITSMO

ALGUNOS DE LOS ACORAZADOS USADOS POR LOS SOVIÉTICOS

Carro pesado T-35

Peso:	45 t
Dotación:	10 hombres

Armamento:

1 cañón de 76,2 mm, 2 cañones de 45 mm y 5 ametralladoras de 7,62 mm

MEDIOS ACORAZADOS SOVIÉTICOS

Autoametralladora BA-10

Peso: 5 t

Dotación: 4 hombres

Armamento:
2 ametralladoras de 7,62 mm y 1 cañón de 45 mm

Carro ligero T26-C

Peso: 10,3 t

Dotación: 3 hombres

Armamento:
2 ametralladoras de 7,62 mm y 1 cañón de 45 mm

Carro ligero T-37

Peso: 3,2 t

Dotación: 2 hombres

Armamento:
1 ametralladora de 7,62 mm

Carro Lanzallamas OT-130

Peso: 10 t

Dotación: 3 hombres

Armamento:
1 ametralladora de 7,62 mm y lanzallamas

Carro ligero BT-5

Peso: 11,6 t

Dotación: 3 hombres

Armamento:
1 cañón de 45 mm y 2 ametralladoras de 7,62 mm

Carro medio T-28

Peso: 30 t

Dotación: 6 hombres

Armamento:
1 cañón de 76,2 mm y 4 ametralladoras de 7,62 mm

CAPÍTULO 05

ASALTO FINAL DEL EJÉRCITO ROJO Y BATALLA DE HONKANIEMI

Con la llegada del mariscal Semión Konstantinovich Timoshenko para ponerse al frente de las operaciones, las unidades soviéticas pudieron finalmente mostrar su capacidad, al actuar bajo las órdenes precisas y sobre los objetivos realistas marcados por el mariscal.

A primeros de enero de 1940, tras un cúmulo de desastres continuos que asombraron al mundo y hastiaron a Stalin, Semión Timoshenko, de 45 años, que se había destacado en la campaña de Polonia, fue nombrado comandante en jefe de las operaciones contra Finlandia. Con su llegada, las unidades soviéticas se reorganizaron y reforzaron considerablemente y se prepararon para romper de una vez la resistencia finlandesa, que había superado todo lo imaginable. Timoshenko decidió concentrar el grueso de sus fuerzas en un estrecho sector del istmo de Carelia, de 16 km de frente, en los alrededores de Summa. Nueve divisiones de infantería, una de ametralladoras, cinco brigadas blindadas (que incluían carros pesados KV1 y KV2), y una concentración artillera de 60 piezas por kilómetro iban a lanzarse contra un sector de la ya maltrecha Línea Mannerheim. El cambio principal, empero, tuvo lugar en las tácticas.

Se acabaron los planes al estilo de la campaña de Polonia, basados en grandes penetraciones, con instrucciones difusas y vagas, pero optimistas, en el territorio enemigo. En vez de ello, las unidades de carros recibieron órdenes muy claras sobre su misión, con objetivos limitados y realistas y con instrucciones muy precisas de no avanzar sin el apoyo cercano de la infantería ni fuera de la cortina de artillería. Ésta sería poderosísima, pues se concentraron 2.800 piezas de todos los calibres, desde las de campaña de 76,2 mm hasta las pesadas de 280 mm.

Además del fuego de barrera o sobre puntos preestablecidos, sería vital el tiro directo sobre los búnkeres y puntos fuertes finlandeses. Todo este despliegue iba asociado a un enorme esfuerzo logístico, que incluyó el tendido de nuevas vías de ferrocarril y la construcción de carreteras para asegurar el flujo de suministros y la adecuada rotación de las unidades de asalto para mantener el

EL MARISCAL TIMOSHENKO sería el encargado de hacer valer todo el potencial del Ejército Rojo, que superaba ampliamente a su enemigo, pero que hasta entonces sólo había encadenado una sucesión de derrotas.

ímpetu del mismo. Sólo en el sector de Summa, el principal eje de avance programado, defendido por la 3ª División finlandesa, se dispararían más de 300.000 proyectiles en las primeras 24 horas. El ruido del bombardeo sería audible en Helsinki, a más de 150 km de distancia. Los finlandeses poco podían oponer a esta avalancha. Además del limitado número de efectivos, su munición era tan escasa que la artillería tenía órdenes estrictas de limitar el fuego a los objetivos que representasen una amenaza directa e inmediata, pues tenían muchísimos más blancos de los que podían batir. La abundancia de artillería soviética era tal que no se molestaban ni en ocultarla a los finlandeses. Y, además, comenzaron a tender globos cautivos para servir de observadores de artillería, aprovechando su superioridad aérea.

LOS ÚLTIMOS DÍAS ANTES DEL ATAQUE FINAL SE HICIERON INTERMINABLES PARA LOS DEFENSORES FINESES, QUE PERMANECÍAN RESUELTOS A NO CEDER

La situación era crítica para los finlandeses y Mannerheim era perfectamente consciente de ello. No sólo carecía de hombres y armas, sino también de munición. Si los rusos no cometían más errores, podrían romper el frente en el istmo y tomar Viipuri. Nada se interpondría entre la capital de Carelia y Helsinki, y la guerra estaría decidida. Los movimientos de tropas durante el día eran casi imposibles debido a la omnipresencia de la aviación soviética y resultaba muy difícil reparar los dañados búnkeres del istmo. Mannerheim reagrupó a sus unidades lo mejor que pudo, pero su inferioridad era patente. Los últimos días antes del ataque final se hicieron interminables para los defensores que permanecían resueltos a no ceder. En total, los finlandeses pudieron desplegar seis divisiones muy debilitadas, dejando otras dos en reserva.

El 1 de febrero comenzó el asalto final, precedido de una devastadora preparación artillera, sin precedentes en la Segunda Guerra Mundial. Más de cien baterías de todos los calibres, apoyadas por más de 500 aviones, machacaron durante varias horas las posiciones finlandesas. Los soviéticos desplegaron un total de doce divisiones de infantería, apoyadas por numerosos carros de combate, manteniendo en reserva un cuerpo de ejército acorazado y otras tres divisiones de infantería.

Pero en una cosa las tácticas soviéticas no habían cambiado, como no lo harían a lo largo de la guerra, y era en su decisión y capacidad para absorber una ingente cantidad de bajas. A pesar del apoyo artillero y acorazado (con frecuencia atacaban masas de un centenar de carros), la infantería formaba en campo abierto y avanzaba en densas masas al descubierto que eran masacradas por los defensores. Pero estas bajas eran inmediatamente reemplazadas, un "lujo" del que los finlandeses carecían. Las armas anticarro de los defensores seguían siendo escasísimas, con dos cañones Bofors por regimiento, y los carros soviéticos avanzaban ahora protegidos por su infantería, por lo que no había opción para atacarlos con granadas de mano a corta distancia. Utilizaban también, por vez primera, lanzallamas y carros levantaminas. También como novedad, se realizaron limitados lanzamientos de paracaidistas a retaguardia de las líneas finlandesas, pero los resultados obte-

BOMBARDERO SOVIÉTICO SB-2 derribado en medio de la nieve por la artillería antiaérea y la aviación finlandesa.

nidos fueron mínimos. A pesar de la enorme desproporción, los soviéticos no consiguieron una ruptura inmediata y la lucha se prolongó durante varios días, con las posiciones defensivas cambiando de manos repetidamente. Sólo en la localidad de Summa, el día 3, se contaban más de 1.000 cadáveres rusos. A pesar de la carencia de armas contracarro, en la primera semana de combates, el 2º Cuerpo finlandés, especialmente la 3ª División, había conseguido destruir casi un centenar de carros soviéticos.

La Línea Mannerheim no tenía nada que ver con las modernas fortificaciones europeas. Se trataba más bien de una serie de fortificaciones de campaña, algunas de ellas de hormigón, otras simplemente de troncos, enlazadas entre sí por trincheras que cubrían líneas de alambradas y obstáculos contracarro precarios, y carentes de armas pesadas. Prácticamente sólo estaban dotadas de aspilleras para ametralladoras y armas ligeras, con muy pocas posiciones para armas anticarro o morteros. Y algunas de estas posiciones en los sectores clave estaban ya bastante dañadas. Estas posiciones eran muy vulnerables no sólo al tiro directo de cañones de alta velocidad, sino al fuego concentrado de la artillería de campaña. En estas condiciones, resulta extraordinario que

los defensores fuesen capaces de ofrecer una resistencia tan prolongada y, en muchas ocasiones, eficaz. Pero la masa acabó prevaleciendo. Tras el fuego directo de la artillería y de los carros, los defensores afrontaban oleadas de atacantes de las que podían abatir a centenares, sólo para ser seguidas de nuevas oleadas, que llegaban cada vez más cerca. Tarde o temprano, se llegaba al cuerpo a cuerpo en el interior de las trincheras y, tarde o temprano, sin que importase el enorme coste en vidas, cada punto defensivo iba cayendo en manos de los soviéticos.

Tras dos días de cierta ralentización en los ataques, que ambos bandos aprovecharon para reagruparse y reforzarse (sobre todo los rusos), el día 5 de febrero comenzó otro arrollador ataque, centrado en el sector de Summa, que, no obstante, tampoco consiguió una ruptura del frente. Ante esta situación, Timoshenko desplazó el eje de ataque al sector de Lähde, pero las brechas eran taponadas por las cada vez más escasas reservas finlandesas. Finalmente, los números se fueron imponiendo y, a lo largo de la segunda semana de febrero, comenzaron a producirse rupturas a lo largo del frente.

Una de las operaciones de ruptura que acabó teniendo éxito tuvo lugar en la orilla del lago de Muola, en una posición estable-

ENERO DE 1940. una patrulla finlandesa de esquiadores se prepara para atacar a unidades de las divisiones 88ª y 122ª del Ejército Rojo soviético en el frente de Salla.

cida al lado de la iglesia homónima. Lo que allí ocurrió constituye un paradigma de lo que tuvo lugar a lo largo de la línea de Summa. Una debilitada compañía finlandesa defendía una línea de unos 2 km, la mitad de la cual estaba situada en la linde de un espeso bosque por el que atacarían los soviéticos. La otra mitad afrontaba terreno abierto y acababa en la iglesia, en los sótanos de la cual se había instalado el búnker de mando. Unos 200 m por delante de las trincheras, los finlandeses habían colocado grandes rocas, formando una suerte de barrera anticarro que, hasta entonces, se había revelado bastante eficaz.

El 11 de febrero, los soviéticos hicieron detonar grandes minas bajo las rocas, abriendo brechas en la barrera, al tiempo que, durante cuatro horas, la artillería batía las defensas finlandesas. Al fraccionarse la barrera artillera, 28 carros BT-7 atacaron. Los finlandeses no disponían de ningún cañón anticarro y su táctica iba a ser la que hasta entonces había tenido éxito, dejar pasar a los carros y destruir la infantería acompañante.

Mochila denominada 'veshchevoy meshok' que era utilizada para transportar la mayor parte del equipo personal.

Manta enrollada sobre el tronco. Podía convertirse en un poncho.

Una vez sin apoyo, aislados en la retaguardia finlandesa, los carros soviéticos se retirarían, o serían destruidos con granadas y cócteles Molotov. Pero esta vez no ocurrió así. Los BT se detuvieron a una veintena de metros de las trincheras y esperaron a la infantería. Ésta avanzó temerariamente y fue masacrada por las ametralladoras finlandesas, sin que los carros fuesen capaces de neutralizarlas. Finalmente, los carros se replegaron para pasar la noche en el bosque, formando un círculo defensivo. Era el momento de los finlandeses. Se aproximaron a los mismos al amparo de la oscuridad, dispararon sobre los faros de los carros y los atacaron con granadas. Siete BT fueron destruidos esa noche.

Los ataques se repitieron durante los dos días siguientes, con el mismo patrón, hasta que los exhaustos finlandeses tuvieron que abandonar la iglesia, que inmediatamente aseguraron los soviéticos. La situación era crítica para los defensores, con su flanco izquierdo amenazado, menos de cien hombres en condiciones de combatir, un mortero con poca munición, ningún apoyo artillero ni armas anticarro.

En la madrugada del día 14, tras un devastador bombardeo, 25 carros soviéticos atacaron de nuevo, esta vez con cuatro carros lanzallamas OT 26 en vanguardia. Pero su efecto era más moral que físico, y, al aproximarse demasiado a las destrozadas trincheras, los finlandeses lograron poner varios carros fuera de combate, incluidos los lanzallamas, utilizando granadas de mano, cócteles Molotov y, en un caso, introdu-

SOLDADO SOVIÉTICO con el uniforme de verano que utilizó el Ejército Rojo durante la Guerra de Continuación.

ciendo una barra de acero entre los engranajes de la suspensión. De nuevo la infantería soviética atacó sin apoyo acorazado y fue de nuevo masacrada. Esta vez utilizaron escudos metálicos para intentar protegerse, pero sólo sirvieron para dejar un buen número a los finlandeses, que los utilizaron para reforzar sus maltrechas posiciones.

El día 16, 50 carros, incluidos varios KV1, atacaron, con la infantería avanzando detrás, buscando la cobertura de los grandes blindados. Dos de los KV resultaron inmovilizados por minas plantadas durante la noche, las dotaciones de otros dos fueron presa del pánico y la infantería quedó nuevamente expuesta al mortífero fuego defensivo finlandés. Pero el final estaba cerca. La última ametralladora finlandesa quedó inutilizada por la tarde y los carros, por fin, llegaron a las trincheras, aplastándolas y batiéndolas con sus ametralladoras. Los agotados defensores se las arreglaron para rechazar el ataque de otro batallón soviético hasta que llegó la noche y, con ella, la esperada orden de retirada. Un tercio de la fuerza original logró replegarse, dejando tras de sí más de 1.000 cadáveres soviéticos y los restos calcinados de 16 carros de combate, además de otros tantos inmovilizados.

A pesar de todo, la ruptura principal de la Línea Mannerheim no ocurrió en Summa como estaba inicialmente previsto, sino en el eje de la carretera hacia

Lähde. A las ocho de la mañana del 11 de febrero, domingo, la 123ª División soviética, apoyada por la 34ª Brigada de carros ligeros, estaba en posición. Los soldados recibieron una ración de vodka durante un bombardeo de dos horas y media sobre las defensas finlandesas, mientras que los cañones de 76,2 mm abrían un preciso fuego directo sobre las dos posiciones finlandesas principales, los denominados búnker Poppius y "búnker del millón de marcos". Los defensores eran tres compañías del 9º Regimiento de infantería. A mediodía avanzó la infantería soviética, acompañada por los carros ligeros. A pesar de sufrir unas bajas atroces, como era habitual, las tácticas de cooperación entre carros e infantería dieron buenos resultados y los escasos cañones anticarro Bofors fueron quedando fuera de combate uno tras otro por el efecto del fuego concentrado de todo tipo de armas. Más de 200 cadáveres soviéticos rodeaban el búnker Poppius cuando, a las 12:30 h, una bandera roja ondeaba en su techo. Pronto varios carros medios T-28 se lanzaron sobre la brecha y tomaron la dirección de Lähde. El cercano "búnker del millón de marcos" fue sometido a un ataque similar, pero aguantó varias horas, incluso soportando la detonación de una carga de 250 kg de dinamita, que abrió una gran brecha en el techo del mismo. Aun así, su único cañón anticarro logró destruir a cuatro BT-7 que se aproximaron demasiado. Los combates allí duraron toda la noche hasta que, al mediodía del día 12, los escasos supervivientes finlandeses se retiraron. La brecha estaba abierta (gráfico pág. 120).

TROPAS FINLANDESAS desplazándose con esquís a través de los bosques de Carelia con el uniforme de camuflaje.

Si bien los contraataques finlandeses lograron sellar las penetraciones soviéticas en numerosos puntos, en la carretera de Lähde no lo consiguieron. Los carros rusos concentraron su fuego sobre un dique anticarro que constituía el último obstáculo y la infantería atacó, una vez más, a despecho de las bajas. Tras casi tres horas de combate cuerpo a cuerpo, unos cincuenta carros penetraron por la brecha, protegidos por escuadras de infantería, y se dirigieron hacia el oeste con decisión. Las escuadras finlandesas de cazadores de carros no tuvieron ninguna opción

EL CÓCTEL MOLOTOV

Bomba incendiaria de fabricación casera cuyo propósito es la expansión de los líquidos inflamables que contiene, pese a su carácter improvisado, se convirtió en un arma eficaz en manos de los soldados finlandeses durante el conflicto ruso-finlandés. Toma su nombre del canciller soviético Viacheslav Molotov.

VERSIÓN SENCILLA

Consistía en una botella con gasolina y un trapo como tapón al que se le prendía fuego, pero resultaba muy poco eficaz contra los carros.

Ya había sido utilizada en la Guerra Civil española (1936-1939) por ambos bandos y en la campaña de Nomohan, durante la guerra ruso-japonesa en Manchuria (1904-1905).

VERSIÓN MÁS UTILIZADA

Mezcla de gasolina, queroseno, alquitrán y clorato potásico, e, incluso, nitroglicerina. El mecanismo de ignición consistía en una ampolla de ácido sulfúrico en el cuello de la botella.

A lo largo del conflicto ruso-finlandés, Finlandia fabricó en serie esta eficaz arma en la factoría de Alko, en Rajamaki, hasta un total de más de **450.000 unidades**.

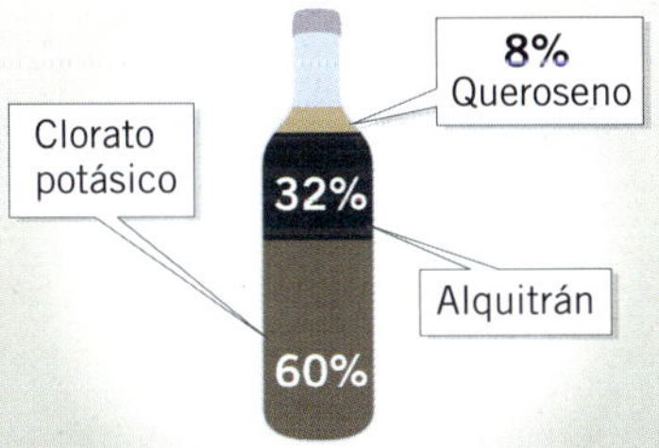

KASAPANOS

La otra arma anticarro desarrollada durante la guerra fue la denominada Kasapanos, cuya manipulación entrañaba también un alto riesgo para los soldados.

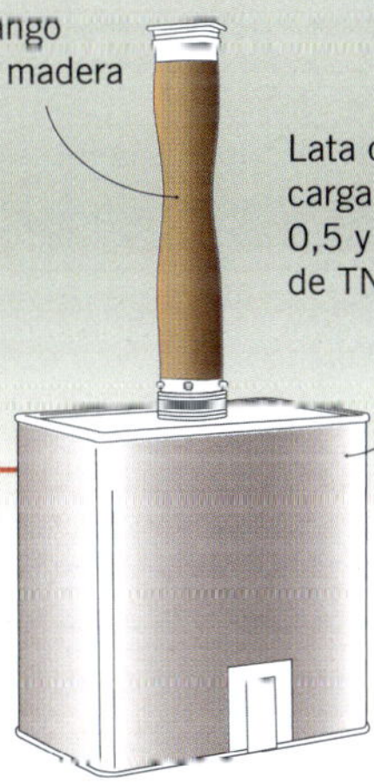

Una carga de 500 gramos podía perforar un blindaje de 12 mm de espesor.

Debía ser depositada en un punto vulnerable del carro.

y la formación soviética avanzó con rapidez, arrollando a una batería de viejos obuses sin munición y, poco después, a otra con diez piezas de 150 mm. La carretera hacia Viipuri estaba abierta, y el terreno despejado, pero, incomprensiblemente, los soviéticos se detuvieron, como si no se creyeran lo que habían logrado y dieron tiempo a que los finlandeses restablecieran sus líneas a retaguardia. La oportunidad para explotar la única ruptura acorazada de la guerra había pasado.

Pero los finlandeses estaban agotados. Muchos de ellos llevaban más de un mes en sus posiciones, en medio de una gran tensión, soportando unas temperaturas bajísimas, y algunos de ellos llegaron a dormirse en presencia de los carros enemigos. El día 14, la brecha de Lähde estaba plenamente consolidada y no había forma de detener el avance soviético, que amenazaba con envolver todo el sector de Summa. Los defensores se replegaron a posiciones más retrasadas. Se intentó por todos los medios constituir nuevas reservas, pero no había de dónde sacarlas.

MANNERHEIM ERA MUY CONSCIENTE DE LA NECESIDAD DE PRESERVAR LA MAYOR CANTIDAD POSIBLE DE TERRITORIO, PARA PODER NEGOCIAR CON MAYOR FUERZA

Mannerheim fue muy consciente de la situación y, ante la avalancha soviética, tras una rápida visita al frente y tras celebrar una reunión con sus principales mandos, ordenó una retirada a la denominada Línea Intermedia. La orden comenzó a ejecutarse en la madrugada del día 16, sin que los rusos se diesen cuenta y, en consecuencia, la retirada se produjo en buen orden. En la tarde del día 18, Timoshenko había logrado agrupar a la mayor parte de sus medios acorazados para atacar dicha línea, pero, inexplicablemente, los carristas soviéticos parecieron olvidar sus experiencias previas y se lanzaron solos, dejando atrás a su infantería de acompañamiento. Los artilleros finlandeses aprovecharon la oportunidad que se les presentaba y, en 48 horas, destruyeron más de cincuenta carros, impidiendo cualquier penetración. Por la tarde, la mayor parte de las unidades finlandesas estaban en sus nuevas posiciones. Sólo se conservaron las baterías costeras, que no podían cambiar de emplazamiento, y que serían definitivamente abandonadas el día 21. La isla de Koivisto quedó aislada, resistiendo repetidos bombardeos y ataques, y no sería evacuada hasta el día 22, tras clavar los cañones. La guarnición se retiró hacia el norte, a lo largo de unos 50 km, sobre el hielo, para reforzar la guarnición de Viipuri.

No obstante, la presión soviética era abrumadora y los defensores estaban a punto de la ruptura en muchos sectores. Pero estaban teniendo lugar intensos movimientos políticos, en los que entraban en liza las naciones occidentales, en un intento por forzar un alto el fuego, y Mannerheim era muy consciente de la necesidad de preservar la mayor cantidad posible de territorio para poder negociar con mayor fuerza a despecho de la realidad militar, que clamaba por una retirada a la última línea defensiva. En este marco tuvo lugar el único ataque por parte de los carros finlandeses de la Guerra de Invierno. El día 24, la Línea Intermedia estaba a punto de quebrarse en varios puntos, y especialmente en la estación Honkaniemi, donde las escasas compañías

| RAMÓN MERCADER |

| 20 DE AGOSTO DE 1940 |

EL COMUNISTA CATALÁN QUE ASESINÓ A TROTSKY

TRAS ASESINAR A TROTSKY, Ramón Mercader fue capturado por los guardaespaldas de su víctima y entregado a la policía mexicana. Durante su detención, resultó herido en la cabeza.

Ramón Mercader, comunista catalán del PSUC, había nacido en 1914. Su madre, Caridad, de familia burguesa, fue una fervorosa conversa a la causa revolucionaria. Transmitió a sus hijos su fanatismo y, en Francia, entró en contacto con los servicios secretos soviéticos. Tras un breve paso por la España en guerra, envía a sus hijos a la URSS y Ramón pasa a formarse como espía al servicio de Moscú.

En 1938 Stalin había ordenado el asesinato de Lev Davidovich Bronstein, Trotsky, uno de los padres de la Unión Soviética, jefe del Ejército Rojo y antiguo rival político a finales de los años veinte. En su huida, el disidente había llegado hasta México. Al año siguiente Ramón es enviado a ese país para ejecutar la misión. Al llegar se pone en contacto con el resto de comunistas que están en la conjura, como el muralista David Alfaro Sequeiros, y participa en un ametrallamiento, en mayo de 1940, que se salda con un fracaso. Decide, por ello, emplear métodos más sutiles y adopta la falsa identidad de Jaques Mornard, un periodista belga que se confiesa convencido de los postulados trotskistas. Bajo esta personalidad seduce a Silvia Ageloff, norteamericana secretaria de Trotsky, ganando progresivamente la confianza del círculo íntimo del revolucionario.

Por fin, el 20 de agosto, con la excusa de presentarle unos textos, logra quedarse a solas con él, lo que aprovecha para clavarle por la espalda, en la cabeza, un pequeño piolet. Sobrecogido por el grito de su víctima, es incapaz de reaccionar y es capturado por los guardaespaldas de Trotsky. Su madre, que le había acompañado en coche a perpetrar el atentado, ve cómo la policía se lo lleva esposado y herido.

Al cabo de unas horas Trotsky muere. La misión ha sido un éxito pero Mercader no confiesa ni su verdadera identidad ni que ha actuado bajo las órdenes de la policía secreta soviética. Alegando desconocer el español, da a la policía una carta escrita en francés en que reconoce su acción alegando que la había efectuado al descubrir los intereses mezquinos de su víctima. Es condenado a 20 años de prisión y hasta mediados los años cincuenta no se descubre su verdadera identidad, cuando aparece, en Barcelona, su ficha policial de 1935. Lo cierto es que, tras su acción criminal, muchos exiliados españoles en México le habían reconocido, pero no le delataron para no incriminar al Partido Comunista y no dificultar su vida en el exilio mexicano.

En 1960 sale del penal y viaja a la URSS, donde es condecorado en secreto como héroe de la Unión Soviética. En su patria adoptiva sigue con su carrera de espía y alcanza el grado de coronel de la KGB. Sin embargo, se va distanciando de las prácticas estalinistas y llega a discrepar de la invasión de Checoslovaquia en 1968. Debido a su salud quebradiza obtiene permiso para retirarse a Cuba, donde moriría en 1978. Un año antes pidió a Santiago Carrillo volver a España, pero éste le exigió a cambio que contase todo lo sucedido en unas memorias; parece que contestó que a los suyos nunca les iba a traicionar.

Murió a causa de un cáncer de huesos y no falta quien dice que fue inducido a causa de un envenenamiento. [J.C.L.]

finlandesas habían sido reducidas a cuarenta o cincuenta hombres y parecían incapaces de aguantar un día más.

El 26 de febrero de 1940 tuvo lugar el único ataque por parte de los carros finlandeses durante la Guerra de Invierno, por parte del 3er Batallón de Jaeger reforzado.

Tras varias semanas de combates, en el sector de Honkaniemi se había formado un saliente en el frente en el que el comandante del 2º Cuerpo finlandés, el teniente general Öhqvist, reforzó a la 23ª División con el recién llegado batallón de Jaeger y la 4ª Compañía de carros, que contaba con trece Vickers E (al mando del teniente Heinonen). El comandante de la división, el coronel Oinonen, decidió entonces atacar para eliminar el saliente en la noche del día 25. El plan original consistía en atacar con seis batallones de infantería, apoyados por tres de artillería y los carros, pero sólo cuatro batallones estuvieron listos para el ataque.

EL ÚNICO ATAQUE POR PARTE DE LOS CARROS FINLANDESES DURANTE LA GUERRA DE INVIERNO TUVO LUGAR EL 26 DE FEBRERO DE 1940

Tras una larga marcha de aproximación, en la que la infantería recorrió los últimos kilómetros esquiando, los carros llegaron con treinta minutos de retraso, a las 04:30 h. Habían recorrido 50 km y cinco carros habían quedado averiados. Los que llegaron se dividieron en dos grupos, cinco para apoyar a dos compañías de Jaeger y dos para apoyar a la tercera. El ataque comenzó de mala manera pues, tras varios retrasos, la artillería de apoyo bombardeó las posiciones propias, causando unas 30 bajas. Por fin, a las 07:30 h comenzó el avance. El objetivo era una línea defendida por elementos de la 84ª División soviética que estaban preparándose a su vez para un ataque por la mañana apoyados como era habitual por los ubicuos T-26, pertenecientes al 112º Batallón, algunos de los enormes T-28, y cañones anticarro de 45 mm.

Dos de los carros quedaron averiados nada más partir, de tal forma que sólo seis participaron en el combate. Pronto la infantería, tras avanzar pocos centenares de metros, quedó clavada al terreno debido al intenso fuego de los defensores. La coordinación entre las diferentes unidades era casi imposible, debido a la escasez de radios, así como la comunicación de los carros entre sí. Éstos se habían adquirido no sólo sin armamento sino también sin equipo óptico ni radios e, incluso, alguno sin asiento para el conductor, en un absurdo intento de ahorro. De esta forma, los carros actuaban por iniciativa propia, de forma individual. Uno de ellos quedó atrapado en una zanja y su torreta resultó dañada, aunque pudo volver más tarde a sus líneas. Otros dos quedaron fuera de combate debido al fuego concentrado de las numerosas piezas de 45 mm, tanto contracarro como de los carros. Tres Vickers lograron atravesar las trincheras soviéticas, pero también fueron destruidos. Pero éstos lograron ciertos éxitos individuales. Uno de ellos destruyó un T-26, 500 m detrás de las líneas soviéticas, mientras que otro destruyó dos carros, antes de resultar repetidamente alcanzado y ser abandonado por la tripulación. Los inexpertos carristas finlandeses habían sufrido un total de seis bajas. El ataque, finalmente, fue cancelado. Estos carros, paradó-

SOLDADO SOVIÉTICO MUERTO. Las bajas rusas se quisieron ocultar para no minar la moral de la población, pero sin mucho éxito por parte de la propaganda comunista.

jicamente, hubieran sido mucho más útiles si se hubiesen empleado como cañones anticarro móviles en vez de gastarlos en una carga inútil contra las unidades soviéticas.

El día 27 se dio la orden de retirada a una tercera línea defensiva, que abrazaba la propia ciudad de Viipuri, y se reorganizaron, una vez más, las cada vez más exiguas unidades finlandesas. Era vital mantener el terreno con vistas a unas futuras conversaciones de paz. La ciudad de Viipuri contaba con defensas antiguas, pero sólidas, y bastantes blocaos (fortines de madera desarmables) de nueva construcción para cubrir los fosos que ofrecían numerosas posibilidades frente a los soviéticos. Timoshenko planeó una ofensiva definitiva para el día 28, pero para entonces Mannerheim había dado permiso para una nueva retirada. Ésta

RETIRADA FINLANDESA de la ciudad de Viipuri, tras la entrada en vigor del alto el fuego, en marzo de 1940.

se llevó a cabo con gran orden, a pesar de realizarse bajo una intensa presión. Los soviéticos atacaron sin demora, lanzando un poderoso ataque de carros el día 1 de marzo. Los finlandeses, en esta ocasión, disponían de muchas de las piezas de artillería capturadas a los rusos en Suomussalmi y las emplearon con gran eficacia contra sus antiguos propietarios. Numerosos carros de combate soviéticos quedaron ardiendo delante de las defensas y de las posiciones de Ukonmäki. La hora de los carros de combate y de las batallas había concluido y comenzaba la hora de la diplomacia.

Mientras se llevaban a cabo, a través de Estocolmo, conversaciones de paz, se reanudaba la ofensiva soviética contra Viipuri. El interés político superaba en esos momentos al militar y era vital mantener el terreno para lograr una posición de ventaja en la mesa de negociaciones. El 2º Cuerpo de ejército y la recién creada Agrupación de Costa finlandeses serían sometidos a una enorme presión a lo largo de los días venideros.

El día 2 de marzo los soviéticos lograron abrir una pequeña brecha en el dispositivo finlandés, pero, tras dos días de intensos combates, la oportuna llegada de los cada vez más escasos refuerzos finlandeses logró evitar la ruptura. Pero los ataques continuaron con intensidad, utilizando carros de combate (incluidos ya un número apreciable de los formidables KV1 y KV2) y una poderosa artillería, y las penetraciones comenzaron a multiplicarse en el sector defendido por la agobiada y debilitada 3ª División finlandesa. Se produjo un momento de crisis al más alto nivel, cuando Mannerheim ordenó mantener las posiciones, oponiéndose a las indicaciones del mando en el istmo, que no veían otra opción que la de replegarse

para acortar la línea del frente, aunque, finalmente, acataron a regañadientes las órdenes del mariscal.

Más hacia el este, la 23ª División había rechazado todos los ataques soviéticos, de mucha menor intensidad, hasta que, el día 3, la línea cedió al suroeste de Tali. Un intento de inundar la zona para frenar la penetración soviética fracasó al helarse el agua inmediatamente, así como un contraataque.

LA RUPTURA DE LA LÍNEA DEFENSIVA DE SUMMA POR LOS SOVIÉTICOS

El área de Summa representaba uno de los puntos más vulnerables de la Línea Mannerheim. Las tropas soviéticas lanzaron una fuerte ofensiva contra Summa el 12 de febrero de 1940 y consiguieron penetrar hasta los alrededores de Viipuri.

SOLDADOS FINLANDESES

SECTOR PRINCIPAL DE LA RUPTURA

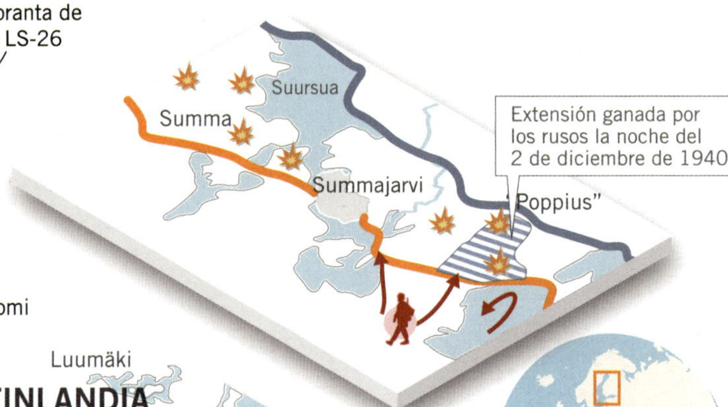

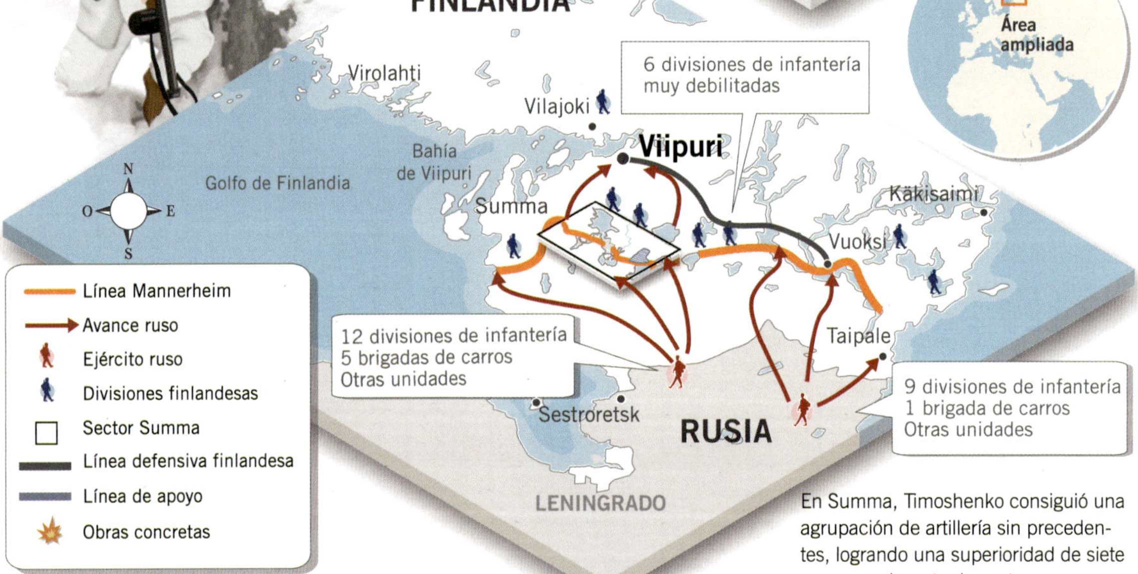

En Summa, Timoshenko consiguió una agrupación de artillería sin precedentes, logrando una superioridad de siete a uno en el punto de ruptura.

ARTILLERÍA SOVIÉTICA

Cañón de 152 mm M1938 M-10

Alcance: 12.500 m

Peso del proyectil: 40 kg

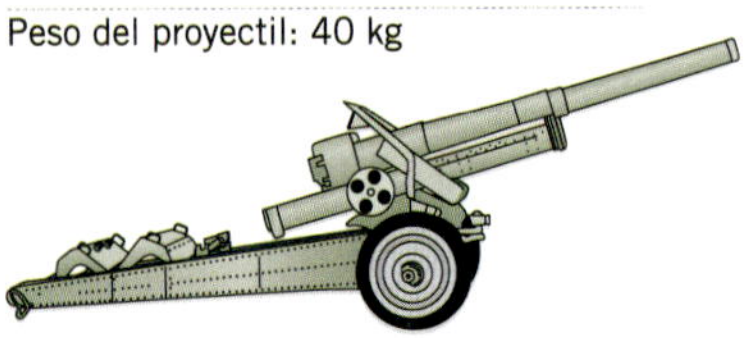

Obús de 122 mm M-30 M1938

Alcance: 11.000 m

Peso del proyectil: 21 kg

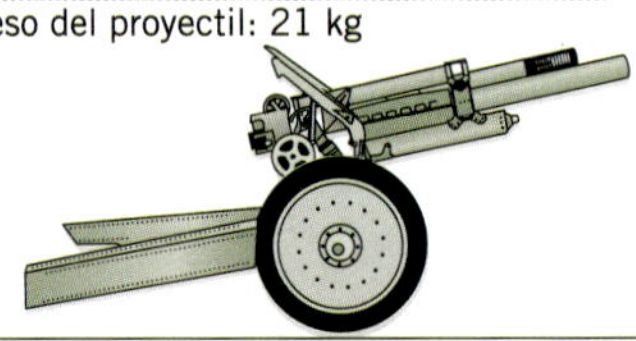

Cañón de 76.5 mm M1939

Alcance: 13.000 m

Peso del proyectil: 6,2 kg

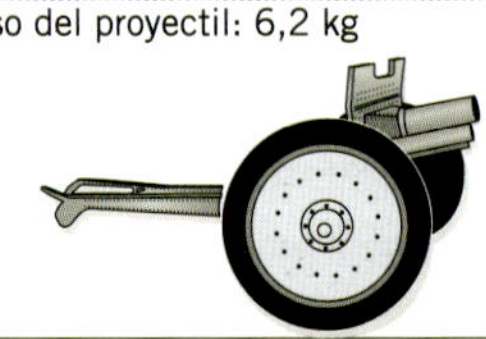

Varios días después se produjo un momento crítico cuando un repliegue limitado estuvo a punto de convertirse en desbandada. No obstante, el día 12, el frente había podido ser estabilizado, 4 km por detrás de la línea inicial, y la ruptura evitada.

El 1er Cuerpo de ejército, por su parte, también logró mantener la línea, tras una durísima lucha en torno al poblado de Vuosalmi. El día 2, un batallón soviético logró abrir brecha, pero en un último y desesperado intento los escasos defensores solicitaron fuego de artillería sobre sus propias posiciones. En pocos minutos, el batallón soviético resultó aniquilado y los supervivientes huyeron. Poco después, los finlandeses salían de sus abrigos y trincheras casi intactos.

SELLO CONMEMORATIVO de la muerte de Semión Konstantinovich Timoshenko.

En los días sucesivos se produjeron varios ataques con la intención de forzar el canal de Vuoski, que fueron rechazados *in extremis* por la llegada de las últimas reservas finlandesas. En el momento del alto el fuego las reservas de munición de artillería de los defensores apenas superaba los dos centenares de proyectiles. Seis débiles divisiones finlandesas hacían frente a trece soviéticas en el sector de Viipuri y su bahía y a otras diez en el resto del istmo, apoyadas por un ingente número de carros de combates y piezas de artillería de todos los calibres. La desproporción era demasiado grande para dudar del resultado final.

Con todo, probablemente, las batallas más reñidas de esa fase de la guerra tuvieron lugar en la bahía de Viipuri, totalmente helada, que permitía el paso de los carros de combate e impedía la excavación de fosos anticarro y trincheras. Los defensores se establecieron en la costa norte de la bahía y en dos islas, Uuras y Tuppura, a lo largo de un frente de unos 30 km. Las fuerzas finlandesas en el golfo de Viipuri estaban al mando del general Oesch. El 10º Ejército soviético atacó numerosas pequeñas islas el día 4, mientras el 28º Ejército atacaba hacia Vilaniemi. Los desesperados contraataques finlandeses lograron desbaratar y neutralizar varias cabezas de puente, pero el fuego de los carros, muy numerosos, que los soviéticos lanzaban a través del hielo impedía que los defensores pudiesen consolidar sus posiciones. La aviación finlandesa, luchando contra fuerzas abrumadoras, se mostró muy efectiva gracias a la pericia de sus pilotos y causó numerosas bajas entre las largas y expuestas columnas de las fuerzas aéreas soviéticas.

Tras rechazar varios ataques, Tuppura cayó ante un asalto masivo apoyado por artillería y numerosos carros que rodearon la Isla y la bombardearon desde todos los ángulos posibles. Otros ataques soviéticos que no fueron apoyados directamente por los carros de combate fracasaron. Por otra parte, los carros ligeros rusos T-26 y BT-5 no

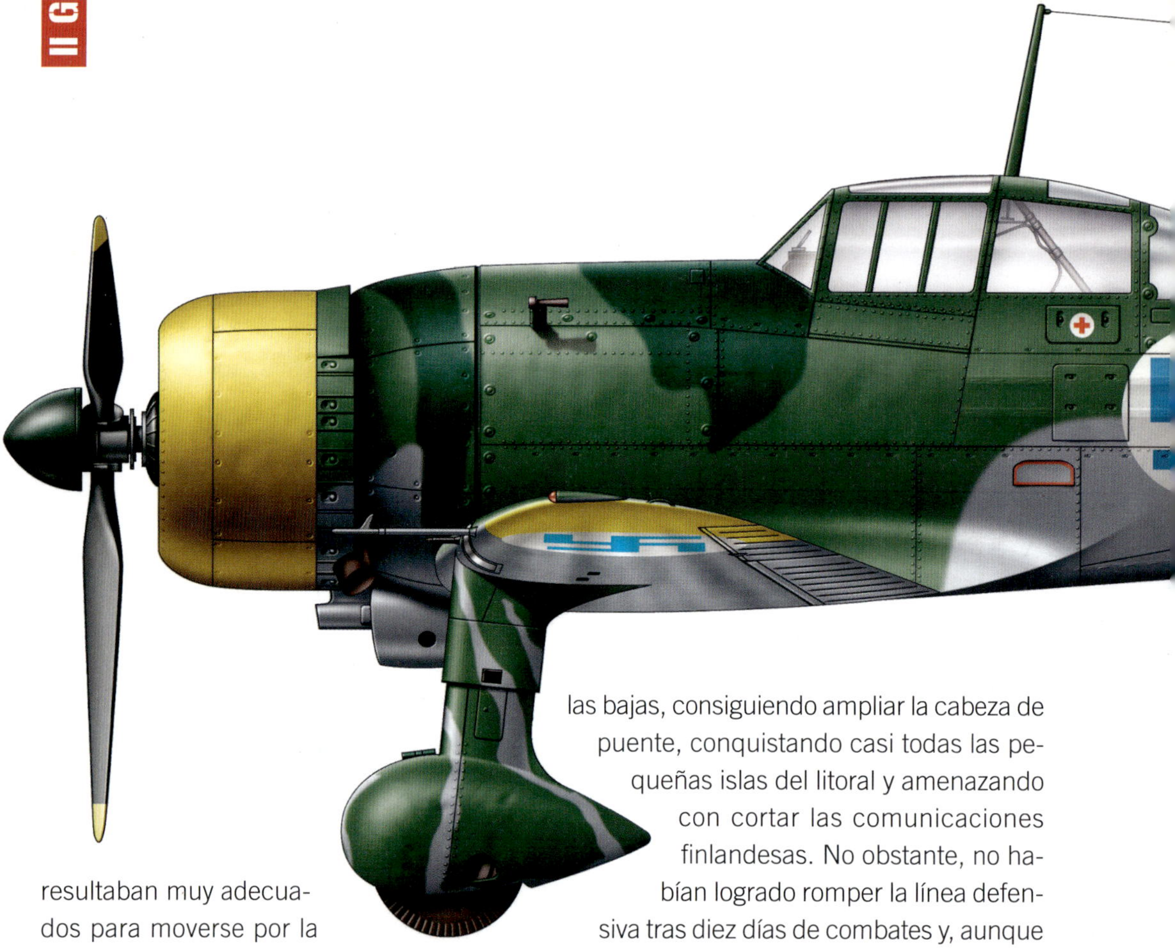

resultaban muy adecuados para moverse por la orilla rocosa y con grandes masas de nieve. Y, además, los conductores rusos, inicialmente, no eran excesivamente hábiles y demostraban un notorio temor a hundirse en el hielo. Las baterías costeras finlandesas, en no pocas ocasiones, se unieron a la defensa, creando grandes boquetes en el hielo que, a su vez, causaban numerosas bajas entre los soviéticos. Pero se estaban quedando sin munición y debían administrar sus escasas reservas.

Finalmente, el día 5, a costa de sufrir unas bajas espantosas, los soviéticos habían logrado establecer una firme cabeza de puente en la costa norte de la bahía de Viipuri. Más de cien carros atacaron Vilaniemi. A lo largo de los días siguientes se sucedieron los bombardeos y los ataques, a despecho de las bajas, consiguiendo ampliar la cabeza de puente, conquistando casi todas las pequeñas islas del litoral y amenazando con cortar las comunicaciones finlandesas. No obstante, no habían logrado romper la línea defensiva tras diez días de combates y, aunque los defensores estaban agotados, sin reservas y casi sin munición, los soviéticos, realmente, sólo habían llegado a los alrededores de Viipuri sin lograr quebrar el sistema defensivo y a un precio inaceptable para cualquier otro ejército con menos recursos o que demostrase un mínimo de respeto por la vida de sus propios hombres.

El día 13 de marzo, por fin, se produjo el alto el fuego. El final del conflicto estaba claro y era cuestión de tiempo, pero Stalin también estaba temeroso de que los aliados pudiesen, finalmente, decidirse a intervenir en serio (estaba planeada la llegada de las primeras tropas francobritánicas a Finlandia para mediados de abril), lo que complicaría mucho las cosas. Y la actitud alemana, aparentemente neutral hasta entonces, po-

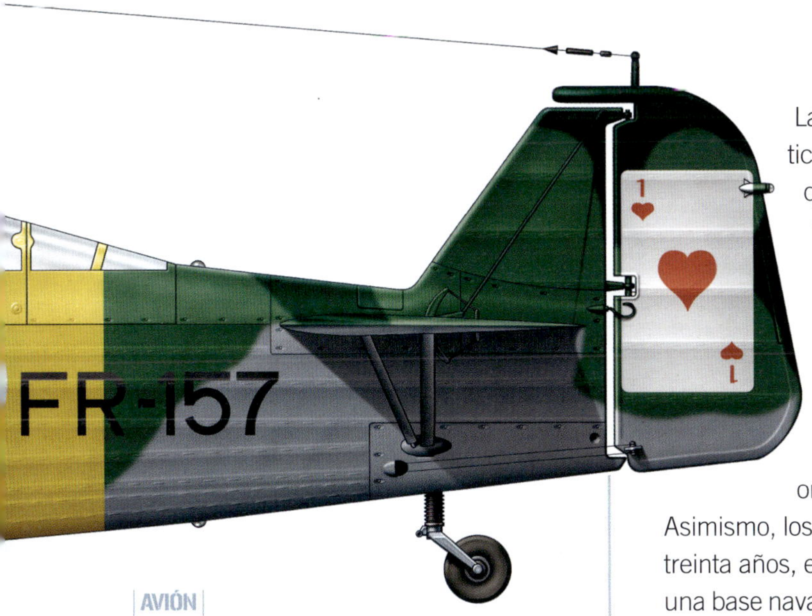

AVIÓN

FOKKER D XXI

Este caza monoplaza era el mejor avión de la fuerza aérea finlandesa al comienzo de la Guerra de Invierno. Se distinguiría combatiendo contra la 'Luftwaffe' en 1940. **Dotación:** 1. **Motor:** Bristol Mercury VIII de 830 CV. **Vel. máx.:** 460 km/h. **Armamento:** 4 ametralladoras de 7,92 mm. **Techo de servicio:** 9.400 m.

día cambiar. Realmente, tanto aliados como alemanes veían en el teatro escandinavo una oportunidad que no querían desaprovechar, aunque no tenían clara la forma de hacerlo. Eventualmente, todos los movimientos planeados conducirían a la campaña de Noruega y la batalla por Narvik, al mes siguiente. Los francobritánicos, al final, tras comprobar que Finlandia había soportado el asalto inicial, se habían decidido a intervenir pero, una vez más, lo hicieron demasiado tarde. No cabe duda de que su interés, al menos, sirvió para presionar a Stalin para que llegase a un acuerdo con Finlandia pues, a pesar de ser aliada de Alemania en ese momento, la Unión Soviética en modo alguno deseaba un enfrentamiento directo con los aliados occidentales.

Las demandas territoriales soviéticas eran ahora mucho mayores que las de noviembre, pero los finlandeses no tenían más opción que aceptarlas. La Unión Soviética se haría con el 10 % del territorio finlandés, incluyendo el istmo de Carelia, una gran extensión al norte del lago Ladoga y las islas orientales del golfo de Finlandia. Asimismo, los soviéticos alquilarían, durante treinta años, el cabo Hanko, para establecer una base naval y, aunque abandonarían Petsamo, tendrían libre acceso a Suecia.

La guerra, que durante 105 días había hecho contener al mundo su respiración, había demostrado que, con resolución y habilidad, el monstruo soviético no era invencible. Aunque las cualidades militares del soldado soviético, de forma individual, habían quedado también patentes, pasaron inadvertidas para los alemanes, que lo pagarían caro. La victoria había resultado carísima para los soviéticos, pues habían sufrido más de 250.000 muertos y un número muy superior de heridos y desaparecidos. De los más de 3.200 carros de combate empeñados en combate, la mitad habían resultado destruidos o capturados y más de 800 aviones habían sido derribados. Los finlandeses, por su parte, también habían sufrido pérdidas de consideración, que apenas podían permitirse: 24.000 muertos y 43.000 heridos. Pero era el precio que debían pagar por su libertad. Al contrario que Polonia y, poco después, las repúblicas bálticas, Finlandia había sobrevivido a la embestida del Ejército Rojo y había dado un ejemplo que el mundo no debería olvidar jamás.

EL MÉTODO TRUETA DE CURACIÓN DE HERIDAS

En la Segunda Guerra Mundial un nuevo método, practicado por vez primera en la Guerra Civil española de un modo casi experimental, revolucionó la medicina de guerra evitando las gangrenas y salvando decenas de miles de vidas.

Durante la Primera Guerra Mundial cerca del 20 % de las muertes producidas entre los soldados fueron debidas a las heridas gangrenadas. Aparte se habían de contabilizar las amputaciones que, para salvar la vida, se debían efectuar, lo que suponía devolver a la retaguardia a millones de mutilados que sufrían graves problemas de integración laboral y de subsistencia en la vida civil. Ante este elevado número de bajas, la medicina y en particular la sanidad militar tuvo que idear nuevos métodos para tratar de evitar las temidas gangrenas, teniendo en cuenta que aún no había llegado la hora de los antibióticos.

En los años veinte, en Barcelona, el doctor Josep Trueta comenzó a trabajar en el tema a partir de estudios norteamericanos y años después, en 1934, presentó en público su método que fue recibido con general escepticismo. Éste se basaba en cuatro pasos: a) limpieza cuidadosa de la herida con cepillo estéril y agua jabonosa; b) corte de los bordes de la carne y piel afectados por la herida extrayendo todos los cuerpos extraños que pudiera haber, dejando la herida perfectamente limpia y con buena circulación sanguínea; c) dejar la herida abierta para que drene; y d) inmovilización con un vendaje cerrado de escayola que, de paso, permita reducir la fractura ósea en caso de que exista.

La Guerra Civil española le proporcionó, desgraciadamente, numerosos pacientes a los que aplicar su teoría. A su hospital de Barcelona llegaron cientos de heridos, tanto del frente de batalla, de luchas callejeras, como de víctimas de bombardeos, a los que aplicó su método. Los resultados fueron espectaculares: en 1938 ya había reunido 605 historias clínicas de pacientes tratados con su método, a ninguno de los cuales se le había declarado la gangrena. No había hecho falta, por tanto, amputarles ningún miembro; antes de partir al exilio ya eran 1.073 las historias, y las complicaciones sólo llegaban al 0,75 % de los casos. Tras comprobar el éxito del método, las autoridades sanitarias republicanas dieron instrucciones a todos los cirujanos militares para que aplicaran la técnica de Trueta. El único problema es que, al abrir el yeso, o incluso sin necesidad de abrirlo, surgía un olor nauseabundo a causa del pus y las secreciones naturales de la herida, y los médicos que desconocían la técnica lo atribuían a la gangrena, procediendo a amputar, cosa que les ocurrió a varios republicanos refugiados en los campos franceses. Sin embargo, y a pesar del olor, tras limpiar la herida ésta aparecía con buen aspecto de cicatrización y sin señales de la terrible gangrena.

En febrero de 1939, Trueta siguió el camino del exilio y llegó a Londres, dictando conferencias sobre su método a las autoridades médicas británicas. La leyenda de que había una técnica nueva que evitaba las amputaciones le precedía, pues no en balde algunos corresponsales de guerra habían dado fe de ella. No obstante siempre aparecía el problema del desagradable olor de las heridas. Preguntado sobre si había algún modo de evitarlo, contestó que el relleno de la herida con levadura de cerveza había dado resultado, pues al fermentar absorbía los líquidos segregados por los tejidos; apostilló, sin embargo, que como sucede con el queso, no todo lo que huele mal es malo. También pronunció conferencias ante los mandos del ejército, a los que explicó las experiencias de evacuación de heridos tras los bombardeos, así como desde el frente de batalla según la clasificación de sus lesiones y, en general, sobre las experiencias extraídas en la práctica de la sanidad militar en la guerra de España, en particular sobre la defensa pasiva. Rápidamente se le nombró asesor del ministro de Salud Pública al tiempo que pasó a ser contratado por la Universidad de Oxford, y en ese año de 1939, tras recopilar sus estudios, experiencias y artículos previamente redactados, publicó en inglés su obra *Tratamiento de las fracturas y heridas de guerra*, que rápidamente obtuvo una gran difusión. Este texto no era más que una ampliación de la breve obra que ya había escrito un año antes en Barcelona, ya traducida a varios idiomas.

Al desencadenarse la Segunda Guerra Mundial las heridas de guerra entre las tropas británicas comenzaron a ser tratadas con este método, por lo que las gangrenas casi desaparecieron por completo. En la guerra en el norte de África pasaron a referirse a este método como el de "el milagroso yeso de Tobruk", pues la sequedad del desierto hacía especialmente útil el empleo del yeso para cubrir la herida. Cuando los Estados Unidos entraron en guerra adaptaron a su sanidad militar la experiencia británica y la mayor parte de los ejércitos contendientes acabaron utilizando la misma práctica a lo largo del conflicto. El resultado fue espectacular; con apenas mejoras médicas en el tratamiento de las heridas desde la Primera Guerra Mundial, a excepción del primer y único tratamiento antibiótico que suponían las limitadas sulfamidas, las amputaciones de miembros debido a gangrenas se redujeron en un 90 %.

En reconocimiento a las miles de vidas salvadas por el método ideado por Trueta, en mayo de 1943, aún en plena guerra, se le otorgó al médico el título de doctor *honoris causa* por la Universidad de Oxford. Aparte de las autoridades académicas, asistía un puñado de exiliados españoles encabezados por Salvador de Madariaga. Poco después, y en reconocimiento a sus méritos, fue nombrado catedrático de cirugía ortopédica por la misma universidad, desde la que seguiría investigando. Trueta pudo volver a España en 1966, falleciendo en 1977. [J.C.L.]

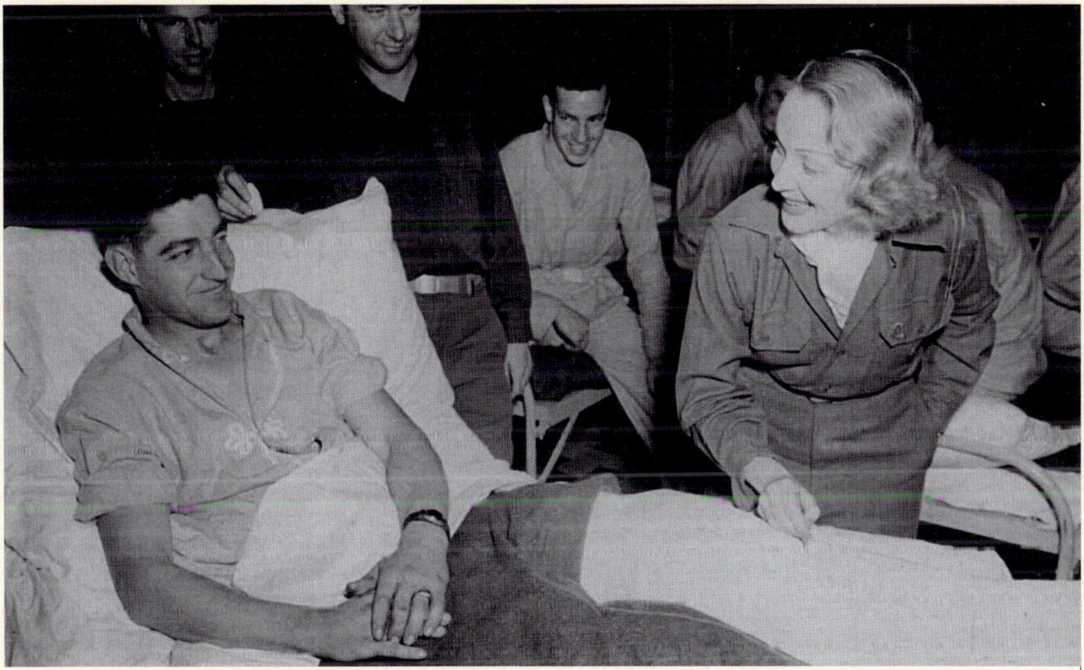

MARLENE DIETRICH MUESTRA SU APOYO A LAS TROPAS ALIADAS en una visita a un hospital militar belga, en noviembre de 1944, donde bromea con un soldado con la pierna escayolada. El doctor Trueta preconizaba, como última fase terapéutica, el escayolado del miembro afectado.

CAPÍTULO 06

PÉRDIDAS TERRITORIALES Y GUERRA DE CONTINUACIÓN

Los finlandeses no se resignaron a aceptar el resultado de la Guerra de Invierno y, durante la ofensiva alemana de junio de 1941, lanzaron su propio ataque para restaurar las fronteras previas a la invasión soviética, dando inicio a la Guerra de Continuación.

La Guerra de Invierno no supuso, ni mucho menos, el final de la participación finlandesa en la Segunda Guerra Mundial. Al contrario, quedaba mucho sufrimiento y heroísmo que derrochar en la que, a partir de entonces, se denominaría la "Guerra de Continuación" (1941-1944).

Finlandia se encontraba oprimida entre dos potencias a las que se había visto obligada a hacer concesiones. La debilidad de su ejército no le permitía sin embargo un gran margen de maniobra. Cabe recordar que durante la Guerra de Invierno los efectivos del ejército finlandés alcanzaron como máximo la suma de 600.000 hombres.

El gobierno soviético, a medida que la guerra se prolongaba sin llegar a un final acorde a sus intereses, comenzó a pensar en una paz negociada, por lo que el 29 de enero de 1940 se dirigió al gobierno sueco para que éste realizara la intermediación con el finlandés. La situación era harto complicada; si Finlandia recibía refuerzos por parte de ingleses y franceses, éstos deberían transitar por dos países, en teoría neutrales, Noruega y Suecia, cosa que los alemanes impedirían con el poder de las armas.

Ante esta situación, la delegación finlandesa firmó la paz a última hora de la tarde del 12 de marzo de 1940 en unas condiciones deshonrosas. Se cedía a los rusos las islas del golfo de Finlandia y el enclave de Hanko –este último por 30 años– así como una provincia entera: Carelia. Los territorios entregados abarcaban unos 40.000 km². Finlandia nunca olvidó esta afrenta, tras haber resistido durante 105 días al coloso soviético. El país estaba preparado para venderse al mejor postor y, de esta manera, recuperar los territorios que consideraba robados.

A pesar de que para una gran mayoría del pueblo finlandés la paz constituyó una dolorosa sorpresa, podían sentirse orgullosos de su ejército, que se había batido con extraordinario valor ante las fuerzas rusas.

MANNERHEIM FRENTE A HITLER el 27 de junio de 1942. El 'Führer' deseaba una mayor implicación finlandesa en la ofensiva contra la URSS, a lo que el líder finés se negó repetidamente.

MOLOTOV EN BERLÍN (en el centro de la imagen) durante una visita en 1940. La ficción de la paz se mantendría largo tiempo.

La evolución de la situación general a partir de junio de 1940 no predecía nada bueno. Inglaterra y Francia, naciones en las que Finlandia había encontrado su gran apoyo, se hallaban en una situación desesperada, dejando por ello libre el campo de acción a sus contrincantes, Alemania y la URSS, que por entonces todavía vivían el idilio del pacto germano-soviético pero que se prestaban –una y otra– a un futuro conflicto de intereses, a un choque sin cuartel, como ya predijera Hitler en su obra *Mein Kampf*.

Esta última potencia, haciendo gala de sus reivindicaciones territoriales, ciertamente imperialistas, dio el primer paso y en el mes de junio invadió las tres repúblicas bálticas –Lituania, Estonia y Letonia– pero, lo que era aún más preocupante, notificó al estado finlandés nuevas reivindicaciones que no se encontraban comprendidas en el tratado de paz de Moscú, como la concesión de las minas de níquel de Petsamo. La desconfianza ante el gigante soviético aumentaba a medida que éste demandaba nuevas exigencias. Finlandia decidió no quedarse de brazos cruzados y optó por iniciar los trabajos para la reconstrucción, tanto del ejército como del país. Fue por ello que el presidente finlandés, Kyösti Kallio, pidió al mariscal Mannerheim que se mantuviera como comandante en jefe del ejército finés y supervisase los trabajos de fortificación y armamento, en previsión de futuros ataques por parte soviética. Por este motivo, a este período se le conoció como la "Paz Armada". Se reconstruyó un gran número de cuarteles, carreteras y redes de transmisiones y se intentó importar materias primas y armamento, aunque Alemania, el único país en disposición de hacerlo, se negaba sistemáticamente a los suministros solicitados.

Por fortuna, las ansias de expansión de la URSS hicieron cambiar de opinión a las autoridades germanas, iniciándose los contactos con Finlandia en agosto de 1940. Se necesitaba una excusa que cubriera la posible venta de armas al país báltico y ésta se encontró en la autorización por parte de Finlandia al libre tránsito de aprovisionamiento y personal, en pequeñas cantidades, por su territorio.

Esta nueva situación era, sin duda, un alivio para Finlandia ante un hipotético ataque de la Unión Soviética, que se esperaba para ese mismo otoño. Tras unos nuevos encuentros, el tratado con Alemania se firmaba el 22 de septiembre de 1940.

SOLDADO SOVIÉTICO en una recreación actual, con casco modelo 1940, subfusil PPSH de 7,62 mm, 'telogreika' o chaqueta enguatada que se generalizó a partir de 1943 y cinturón de cuero del que colgaban los elementos del equipo.

A pesar de todo, a finales de ese año la actitud de la URSS, que exigía a Finlandia el cumplimiento de cuestiones que, si bien recogía en el tratado, hacían mella y ahondaban las diferencias en lo que se refiere a la nueva delimitación de las fronteras comunes, dio lugar a graves fricciones que no hacían más que remarcar la torpe política exterior de Stalin. Estas desavenencias de fondo, unidas a la falta de voluntad de entendimiento soviética y a la prepotencia que define el patrón de un estado poderoso frente a sus rivales de menor entidad, ofrecieron en bandeja de plata Finlandia al III Reich.

En diciembre la URSS denunciaba el tratado comercial entonces en vigor, creando una grave crisis en el gobierno del presidente Risto Ryti. Sin suministro de cereales y combustible, sus miradas se dirigieron a Hitler. Sólo él podía exportar anualmente las 250.000 t de cereales que necesitaba el país báltico, al igual que el carbón y el combustible.

En enero de 1941, el ministro de Exteriores soviético, Molotov, anunciaba a su colega finés que las negociaciones sobre los derechos mineros de Petsamo debían finalizar de manera inminente. Esta declaración se vio acompañada de sendas medidas de presión intolerables para Finlandia: la URSS cortaba unilateralmente el suministro de grano al país báltico y el embajador soviético era llamado a consultas a Moscú. Por si estas medidas no fueran suficientes, en las emisoras soviéticas comenzó una campaña antifinlandesa de proporciones bastante considerables. Las tropas soviéticas iniciaron movimientos de concentración en Murmansk y Hitler, en previsión de un ataque a Finlandia por parte de las fuerzas rusas, ordenaba a sus unidades de ocupación destacadas en Noruega poner en marcha la denominada operación Reentier, para la ocupación militar de Petsamo, si aquello sucedía. Todo pendía de un hilo.

DURANTE LAS PRIMERAS FASES DE LA OPERACIÓN BARBARROJA, LOS ALEMANES BLOQUEARON EL GOLFO DE FINLANDIA CON UNA GRAN BARRERA DE MINAS

Después de la ruptura de las negociaciones diplomáticas sobre el níquel, las relaciones con la URSS se desvanecieron, produciéndose el acercamiento alemán. Entre otros asuntos que presagiaban futuras alianzas, hay que señalar que el gobierno de Helsinki autorizó la recluta de un batallón de voluntarios fineses para las *Waffen SS*.

El 25 de mayo de 1941, el gobierno alemán recibió por vez primera a una numerosa delegación finlandesa, a la cual se ofreció una exposición detallada del conflicto mundial en curso, incidiendo en que la guerra con la URSS entraba dentro de lo posible y en un plazo no demasiado largo. A Finlandia no le quedaban muchas opciones y, ante esta eventualidad, debía tomar partido. Los alemanes le exigirían que retuviera a las tropas soviéticas a lo largo de su frontera y, a la vez, apoyara un ataque alemán contra la ciudad de Leningrado –antigua y actual San Petersburgo–, la ciudad de los zares. El mariscal Mannerheim, por su parte, planteó varias demandas destinadas a garantizar ante los alemanes la independencia de su país.

Finlandia deseaba con todas sus fuerzas luchar por su neutralidad, pero ésta no era viable, dada su situación entre dos grandes potencias enfrentadas. Una interrupción en el abastecimiento conllevaría una crisis que tanto Alemania como la URSS aprovecharían a su antojo. La posibilidad de quedar al margen del conflicto germano-soviético era, sin lugar a dudas, nula.

Durante las primeras fases de la operación Barbarroja –la invasión alemana de la URSS–, los alemanes bloquearon el golfo de Finlandia con una gran barrera de minas, y sus aviones atravesaron el espacio aéreo finlandés. Además, las islas Aland fueron ocupadas y los *Gebirsjäger* –las tropas de montaña germanas– conquistaron Petsamo.

El ejército finlandés comenzó a concentrarse en la nueva línea fronteriza de Carelia

GRUPO DE REFUGIADOS FINLANDESES, en marzo de 1940, huyendo de las tropas de ocupación soviéticas. El temor a un ataque de la aviación se refleja en sus rostros.

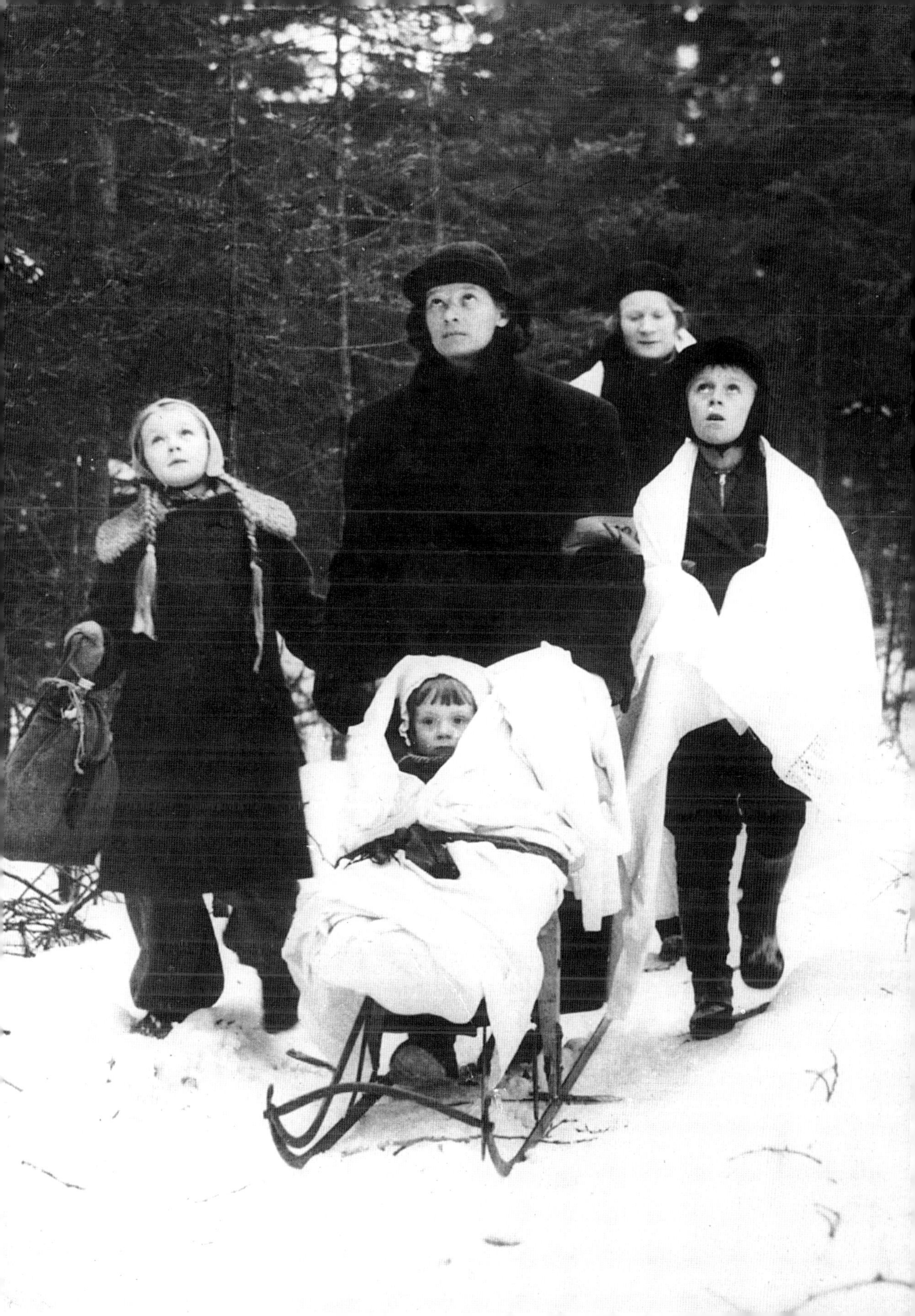

dispuesto a pasar a la ofensiva. Estaba en puertas el segundo asalto del combate que enfrentaba al modesto ejército finlandés con la mayor máquina de guerra del momento.

El 25 de junio de 1941, tres días después del comienzo de la ofensiva alemana sobre la URSS, una gran formación de bombarderos soviéticos atacó diversos objetivos situados en el sur de Finlandia, especialmente aeródromos, con la intención de destruir la fuerza aérea finlandesa en el suelo. Ésta se había visto reforzada por nuevos cazas procedentes de varios países, como los Fiat G-50 italianos, los Brewster Buffalo y Hurricane Mk I británicos, los Morane Saulnier MS 406 franceses y los Curtiss Hawk 75 norteamericanos. Los nuevos Fiat G-50 y Brewster Buffalo los interceptaron y lograron un elevado número de derribos. Así, los Fiat, en las agresivas manos finlandesas, derribaron diez bombarderos SB-2 en tan sólo 20 minutos. Otros seis SB-2 serían derribados por otros aviones, mientras que por su parte los finlandeses apenas sufrieron averías ligeras en dos aparatos. Los soviéticos, en su línea habitual, reclamaron haber destruido unos 130 aviones en tierra. El 4 de julio, el sargento Touminien logró su hazaña de derribar cuatro bombarderos en cinco minutos, y tan sólo con una de sus ametralladoras de 12,7 mm.

Poco después, aprovechando las demoledoras victorias alemanas en las batallas de cerco, los finlandeses atacaron en el sector de Carelia. El 10 de julio, el Ejército de Carelia comenzó la ofensiva y, en tres semanas, el 23º Ejército soviético se veía forzado a replegarse, ante el formidable empuje de las unidades finlandesas, deseosas de revancha y de reconquistar el

terreno perdido en 1940. En los seis primeros días habían ocupado ya el extremo norte del lago Ladoga. Tres divisiones soviéticas fueron cercadas en Viipuri, la 198ª División motorizada fue rodeada en Khitola, y tres regimientos de infantería lo fueron en Sortavala. La puerta hacia Leningrado estaba abierta. Los soviéticos intentaron desesperadamente formar una línea defensiva a lo largo del río Sestra, tratando por todos los medios de ralentizar el implacable avance finlandés. Pero Mannerheim, habiendo al-

UNIDADES DE ZAPADORES alemanas tendiendo un puente de pontones en el frente de Carelia, en septiembre de 1941.

canzado su primer objetivo, el río Tuulos, ordenó detener el avance.

La ofensiva para tomar el istmo de Carelia comenzó el día 31 de julio y, unos días después, un ataque desde el este de Viipuri alcanzaba las orillas del lago Ladoga, para enlazar, el 15 de agosto, con el Ejército de Carelia. El 30 de agosto los finlandeses recuperaron Viipuri. Leningrado quedaba a tan sólo 30 km. En el aire, los finlandeses demostraron repetidamente su enorme superioridad táctica frente a un enemigo que contaba con muchos más efectivos. Así, el 12 de agosto, seis Buffalo se enfrentaron a una veintena de I-153, derribando a nueve de ellos, sin pérdidas propias. Al día siguiente, ocho Fiat G-50 derribaron un grupo completo de nueve cazas soviéticos I-153, que había intentado interceptar un avión de reconocimiento, sin pérdidas propias.

FLOTILLA DE SUBMARINOS FINLANDESES. Tendrían ocasión de hacer su papel durante la Guerra de Continuación, con el golfo de Botnia y el de Finlandia libres de hielo.

El 2º Cuerpo de ejército finlandés avanzó y arrolló el 131º Batallón, alcanzando sin dificultad la margen del río, desesperadamente mantenida por los soviéticos. Carelia estaba ya en manos finlandesas casi en su totalidad. Los avances continuarían lentamente y, a primeros de septiembre, se alcanzó el río Svir. Posteriormente, continuaron hacia el norte y el este y, al mes siguiente continuó el avance, más ralentizado, a lo largo de las orillas del lago Onega. El 6 de diciembre, tras ocupar las localidades de Karhumäki y Pventsa, Mannerheim ordenó la detención definitiva de sus unidades.

En el norte, los *Gebirsjäger* habían atacado el 29 de junio, rompiendo el frente y avanzando 30 km en 24 horas. La ofensiva, no obstante, fue perdiendo empuje en pocos días por falta de suministros y los soviéticos tuvieron tiempo para reorganizarse y fortificarse. A pesar de ello, un nuevo empuje finlandés en el norte, a finales de agosto, forzó a dos divisiones soviéticas a replegarse perdiendo todo su equipo pesado. Se habían alcanzado las fronteras anteriores a la guerra.

El avance finlandés continuó a paso desigual. El 53º Regimiento de infantería avanzó tanto que quedó aislado detrás de las líneas enemigas y sólo con gran esfuerzo pudo volver a sus propias líneas y enlazar con sus compañeros. En noviembre, en contra de la opinión del alto mando, los finlandeses, con el apoyo de la división SS Nord, continuaron atacando en dirección a Murmansk con la intención de cortar sus comunicaciones por tierra, pero acabarían deteniendo la ofensiva sin conseguir su objetivo.

Mientras esto ocurría, se lidiaron diversos combates en el golfo de Finlandia, el más dramático de los cuales tuvo lugar durante el intento de evacuación de Tallin, la capital de Estonia, por los rusos. Se perdieron 65 de los 160 buques empleados por los soviéticos, la mayoría víctimas de las minas.

El 2 de enero de 1942, los soviéticos ocuparon la isla de Suursari, que los finlandeses habían abandonado meses atrás. El 27 de marzo, una fuerza finlandesa de 3.500 hombres, con una importante cobertura aérea, la atacaron y tomaron con facilidad ante la pasividad soviética. Éstos, por su parte, además del territorio perdieron una veintena de aviones.

En el mes de junio, las operaciones se ralentizaron en todos los sectores, y los frentes se estabilizaron. Se dio la paradoja de que las potencias occidentales declararon la guerra a Finlandia, una democracia consolidada, por su colaboración con Alemania, y establecieron un bloqueo, lo que hizo que los finlandeses se hiciesen más dependientes de los alemanes. Además, la guerra no tenía visos de acabar rápidamente, por lo que la moral finlandesa se resintió y comenzó un período de estancamiento, casi una guerra de trincheras. Por parte soviética, se fomentó una actividad partisana, centrada en la población civil finlandesa en vez de en objetivos militares, siendo asesinados más de 200 civiles, incluidos mujeres y niños. La respuesta finlandesa, puramente militar, consiguió destruir numerosas partidas de guerrilleros, incluida una brigada completa, en 1942.

Durante ese verano, tuvieron lugar combates entre la aviación de ambas partes, así como diversas incursiones navales, sobre todo con el objeto de hostigar el tráfico de mercancías. El 18 de agosto tuvo lugar el mayor combate aéreo del verano, en el que más de 60 cazas soviéticos se enfrentaron a una veintena de finlandeses. Éstos perdieron un aparato, pero derribaron 15 aviones de las fuerzas aéreas soviéticas.

RECREACIÓN DE LA OFENSIVA RUSA en los bosques de Carelia en 1944. En la imagen, un figurante armado con un PPSH.

MATERIAL DE GUERRA FINLANDÉS EN LA GUERRA DE CONTINUACIÓN

Las fuerzas bélicas de la URSS y Finlandia estaban claramente descompensadas en cuanto a armamento se refiere. La supremacía soviética sólo pudo ser contrarrestada con el material de combate que llegaba del exterior.

CAZAS

Curtiss 75 Hawk	
Procedencia francesa	
Autonomía	1.300 km
Velocidad	518 km/h
Armamento	6 ametralladoras de 7,5 mm 2 de12,7 mm y 4 de 7,62 mm

Me 109G	
Procedencia alemana	
Autonomía	1.150 km
Velocidad	625 km/h
Armamento	3 cañones de 20 mm o 1 cañón de 20 mm y 2 ametralladoras de 13 mm

Fiat G-50	
Procedencia italiana	
Autonomía	670 km
Velocidad	484 km/h
Armamento	2 ametralladoras de 12,7 mm

CARROS DE COMBATE

Sturmgeschütz III G	
Procedencia alemana	
Peso	25 t
Dotación	5 hombres
Armamento	1 cañón de 75 mm L/48 y 1 ametralladora de 7,92 mm
Blindaje máximo	80 mm
Velocidad máxima	40 km/h

T-34/76 capturado a los soviéticos	
Peso	26 t
Dotación	4 hombres
Armamento	1 cañón de 76,2 mm y 2 ametralladoras de 7,62 mm
Blindaje máximo	45 mm
Velocidad máxima	55 km/h

AVANCE FINLANDÉS

En las primeras fases de la Guerra de Continuación (1941-1944), las fuerzas finlandesas recuperaron el terreno perdido el año anterior y penetraron en territorio soviético, pero el mariscal Mannerheim, comandate en jefe de las tropas finesas, se detuvo, consciente de sus posibilidades reales, a pesar de las presiones alemanas, para fortificar el istmo de Carelia.

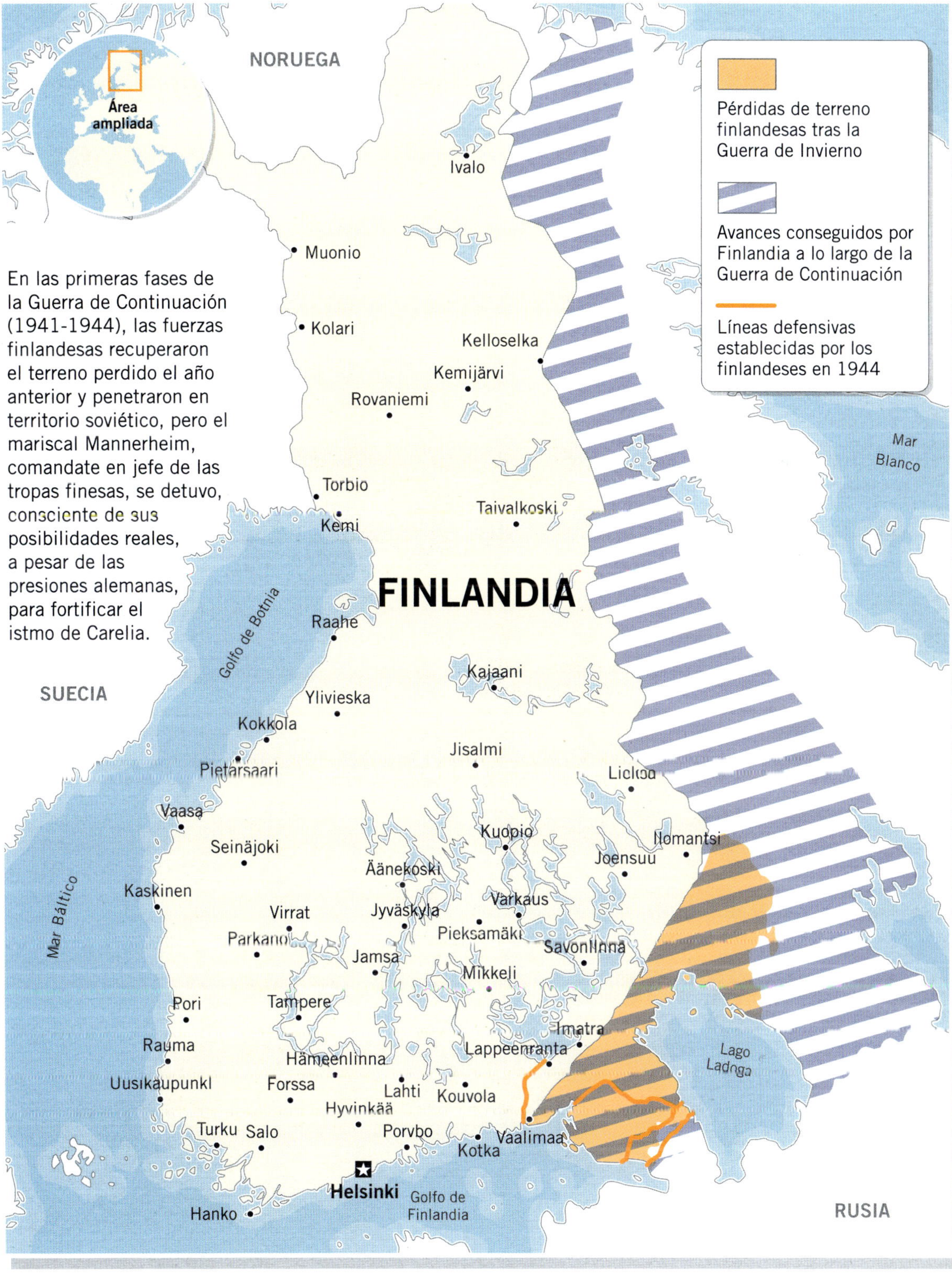

GUERRA DE CONTINUACIÓN (finales de 1944)

Tras el armisticio entre Finlandia y la Unión Soviética alcanzado en septiembre de 1944, el Ejército Rojo no se desmovilizó completamente y siguió combatiendo unas semanas más contra las últimas unidades alemanas de la zona.

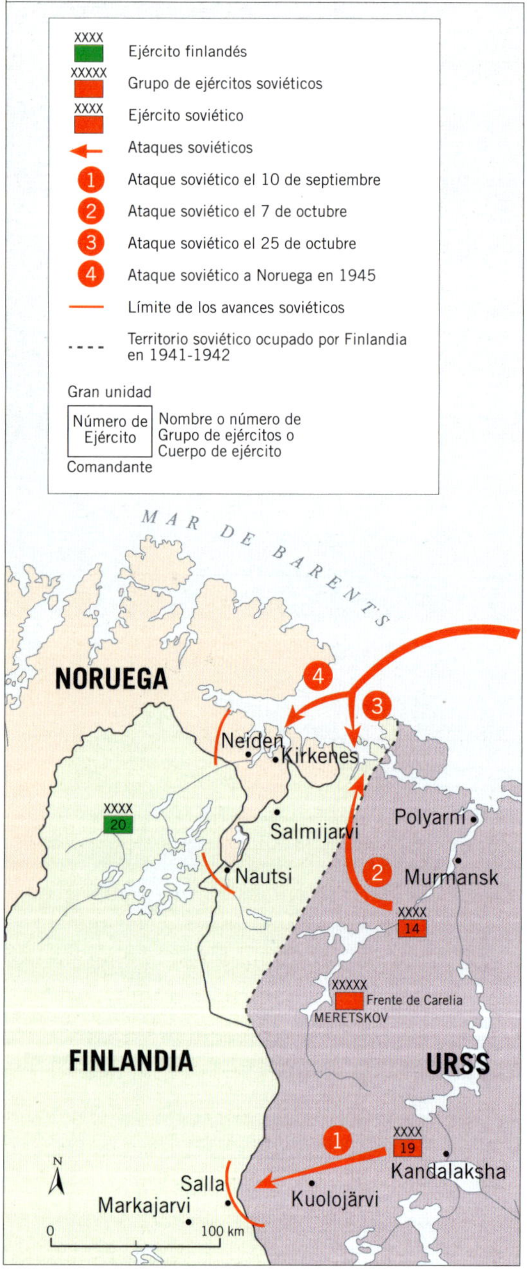

Tras la derrota de Stalingrado estaba claro que la guerra estaba perdida para el Eje, y Finlandia comenzó a buscar la manera de salirse de ella recurriendo a la diplomacia. Stalin rechazó cualquier acuerdo y comenzó una campaña de bombardeo de terror que no resultó muy eficaz y, en cambio, causó numerosas bajas a la aviación soviética.

En un intento de impedir a los submarinos soviéticos la entrada al mar Báltico al llegar el deshielo en la primavera de 1943, los alemanes habían aprovechado la cobertura que proporcionaba el largo invierno para tender una doble red antisubmarina a través del golfo de Finlandia, desde Porkkala hasta Estonia, reforzado por un doble campo de minas, situado más al este. Las estaciones que se dedicaban a mantener estas barreras sufrieron repetidos ataques de la aviación soviética que, a su vez, sufrió fuertes pérdidas a manos de los cazas finlandeses. La aviación nórdica ya contaba con el magnífico Me 109G, aunque en número limitado, y los agresivos y veteranos pilotos finlandeses supieron sacarle todo el partido a este avión. A comienzos de 1944, con la *Wehrmacht* en retirada en Rusia, comenzó una ofensiva aérea por parte de los aviones de la Flota del Báltico contra las barreras tendidas por los alemanes.

El 9 de junio de 1944, comenzó una gran ofensiva soviética contra Finlandia en el sector del lago Ladoga y del istmo de Carelia, coincidiendo con el desembarco de Normandía. Los preparativos se habían llevado a cabo durante varios meses, y la concentración de carros, artillería y aviones, además de la ya tradicional de hombres, era formidable. Un masivo bombardeo ayudó a romper el frente y pronto las unidades finlandesas estaban en retirada. Tras unos diez

"TERROR DE LOS TANQUES" así era conocido el 'Panzerschrek' que manejan estos soldados finlandeses. Junto con el 'Panzerfaust' ('puño blindado'), estas armas de carga hueca producirían bajas desproporcionadas a los carros soviéticos.

días de combates, las vanguardias soviéticas estaban en las afueras de Viipuri, y el día 20 penetraban en la ciudad. Tras este éxito, el avance de los soviéticos se detuvo para poder consolidar sus posiciones, pues temían un contraataque finlandés como los ocurridos durante la Guerra de Invierno. Mannerheim tenía claro que sólo cabía la paz. Pero los alemanes no podían tolerar un armisticio por separado y ya habían suministrado cierto material moderno a sus aliados, sobre todo cañones de asalto Stug III y cazas Me 109G-6. Con ellos los finlandeses pudieron estabilizar el frente más o menos en la línea del final de la Guerra de Invierno. Pero estaba claro que, a la larga, la única opción viable era el cese de las hostilidades.

Ante la presión soviética, Mannerheim solicitó ayuda urgente a los alemanes, pero éstos, muy presionados en todos los frentes, sólo enviaron ayuda logística y un cierto número de los nuevos y eficacísimos Panzerfaust. El día 21, Finlandia intentó iniciar conversaciones de paz pero, como Stalin sólo ofrecía la rendición incondicional, pronto se rompieron. Ribbentrop llegó al día siguiente para intentar convencer a los finlandeses, especialmente al primer ministro Risto Ryti, de que continuaran la lucha hasta el final como condición para mantener la ayuda logística. Ese mismo día, la *Stavka* ordenó un ataque en el sector de Tali para romper la línea defensiva recientemente establecida por los finlandeses.

En efecto, a pesar de las presiones, éstos lograron establecer una línea defensiva entre

AUSTERA CENA DE NAVIDAD DE 1940. Los soldados finlandeses hicieron un pausa en los combates con los que intentaban frenar la avalancha soviética.

las localidades de Tali e Ihantala, deteniendo así el avance soviético en el sector de Viipuri. La batalla denominada de Tali-Ihantala se desarrollaría en un estrecho sector de unos 100 km², entre el golfo de Viipuri y el río Vuoksi. Los soviéticos atacarían hacia el norte, hacia Ihantala, en un frente de unos 10 km de anchura, pues era el único terreno apto para la utilización de unidades acorazadas en todo el istmo. El día 20, de hecho, había comenzado la primera fase, que se prolongó durante cuatro días de encarnizados combates. En ellos, la 18ª División finlandesa reforzada contuvo el ataque de dos cuerpos de ejército soviéticos, apoyados por una brigada acorazada y una poderosa aviación.

El día 25 de junio de 1944 comenzó la segunda fase de la batalla con la llegada de refuerzos finlandeses. Ese día, tras un feroz bombardeo de más de una hora, los soviéticos atacaron desde Tali, reforzados a su vez por el 30º Cuerpo de ejército de la Guardia. Tras una penetración de 3 km, la 4ª División finlandesa logró cerrar la brecha. En otro sector también una pequeña penetración fue sellada por un regimiento finlandés, que se hizo fuerte en un terreno ondulado. Sólo el 27º Regimiento acorazado pudo romper la línea defensiva y penetrar hasta un cruce

de carreteras. Pero los finlandeses, haciendo acopio de sus últimas reservas, no sólo lograron cerrar la brecha, sino que aislaron al regimiento acorazado que se había quedado solo tras la penetración y lo aniquilaron. Sólo seis carros, que fueron capturados intactos, escaparon a la destrucción.

El día 27 comenzó la tercera fase de la batalla, con la incorporación de más unidades finlandesas y una de las escasas alemanas, la 303ª Brigada de *Sturmgeschütz* (de cañones de asalto). Los soviéticos también se reforzaron con otros cuerpos del ejército. Esta vez los intrépidos finlandeses tomaron la iniciativa y lanzaron un contraataque contra cuatro divisiones soviéticas que habían logrado una pequeña penetración, sin llegar a la ruptura, en un intento de cercarlas y aniquilarlas, como si de un *motti* se tratase. Atacando en pinza, los finlandeses no lograron cerrar la bolsa por apenas un kilómetro a causa de la fuerte concentración artillera y acorazada que tenían los soviéticos. Pero lograron ganar otras 72 horas que, a esas alturas de la guerra, eran cruciales. Dos divisiones finlandesas más, así como sus escasas unidades acorazadas, se unieron a los defensores que recibieron también el apoyo de la *Luftwaffe*, cuyos Stuka bombardearon las posiciones soviéticas. De esta manera, lograron retirarse en buen orden y, a pesar de haber sufrido muchas bajas, los finlandeses restablecieron la línea el día 29. Siguieron varios días de encarnizados combates, sin que ningún bando obtuviera ventaja.

El día 1 de julio, en Ihantala, la artillería finlandesa, bien concentrada y dirigida, destrozó las vanguardias soviéticas. Los carros finlandeses y los recién llegados Panzerfaust entraron en acción, así como la *Luftwaffe* y la aviación finlandesa; el día 3, la ofensiva soviética estaba estancada. El día 7, los soviéticos habían perdido todo el ímpetu y comenzaron a transferir tropas a Estonia.

El 12 de julio, Stalin, habiendo agotado sus reservas y sus fuerzas por los repetidos contraataques locales de los finlandeses y deseoso de concentrarse en su objetivo final, que no era otro que Berlín, ordenó el cese de los ataques que, no obstante, se prolongarían durante otros seis sangrientos días. Después, las operaciones se ralentizarían hasta estabilizarse el frente.

Los finlandeses habían sufrido unas 8.500 bajas en la batalla de Tali-Ihantala, pero las de los soviéticos superaban las 25.000. Más de 300 carros rusos habían quedado

LOS ASES DE LA AVIACIÓN FINLANDESES

El capitán Jorma Karhunen derribó un bombardero Pe-2 sobre Maaselkä el 2 de julio de 1942, durante la Guerra de Continuación. Acabaría la guerra con 31 victorias y la Cruz de Mannerheim. Otro de los héroes de la aviación finlandesa fue Jorma Sarvanto, quien realizó la hazaña de derribar 6 bombarderos DB3 en 4 minutos.

Brewster Buffalo	
Techo de servicio	10.000 m
Velocidad máxima	485 Km/h
Armamento	4 ametralladoras de 12,7 mm

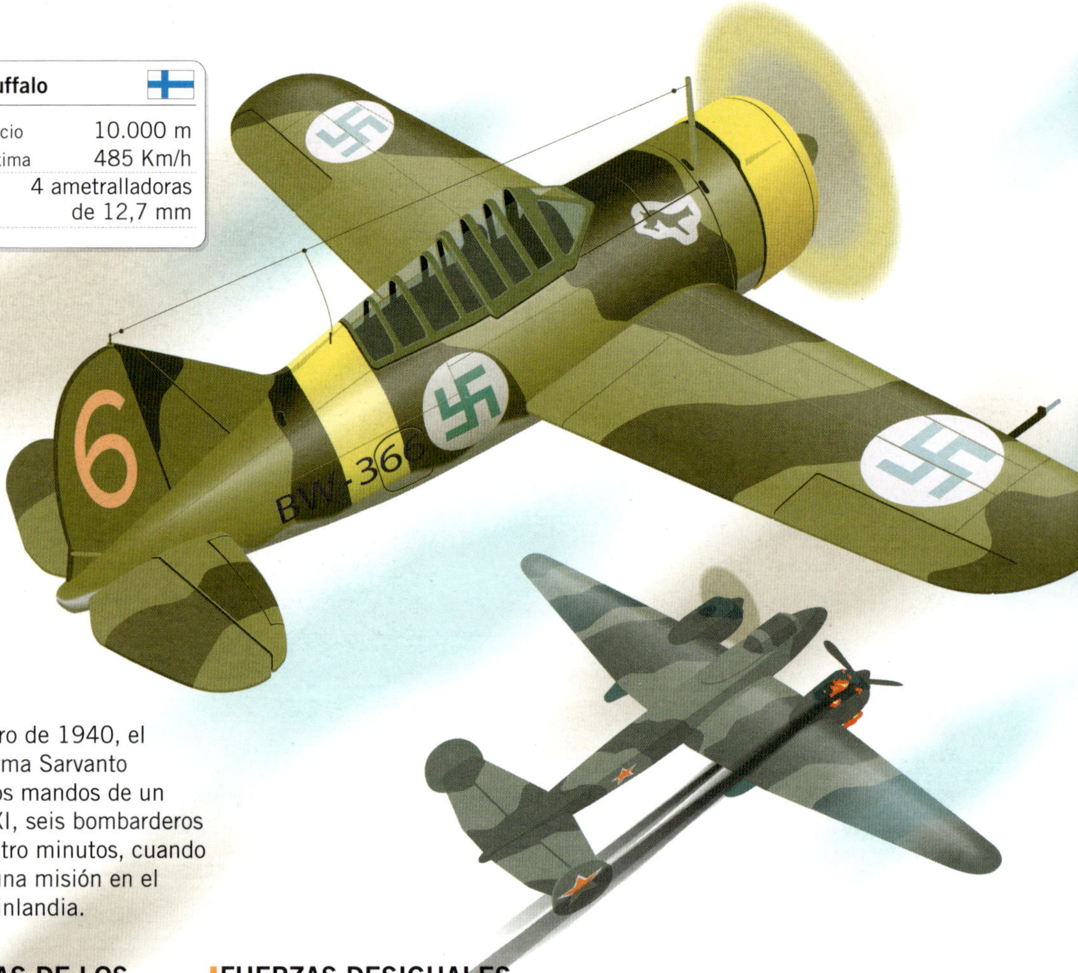

El 6 de enero de 1940, el teniente Jorma Sarvanto derribó, a los mandos de un Fokker D XXI, seis bombarderos DB3 en cuatro minutos, cuando volvían de una misión en el centro de Finlandia.

VICTORIAS DE LOS ASES FINLANDESES

Número de victorias entre 1939 y 1945

Ilmari Juutilainen	94
Hans Wind	75
Eino Luukkanen	56
Urho Lehtovaara	44
Oiva Touminien	44
Olli Puhakka	42

FUERZAS DESIGUALES

Número de aviones disponibles por ambos ejércitos al comienzo de la guerra

73 derribados en 1944

Finlandia 130

URSS 3.800

578 derribados en 1944

Petlyakov Pe-2	
Dotación	3 hombres
Velocidad máxima	460 km/h
Techo de servicio	8.000 m
Autonomía	1.250 km
Armamento	5 ametralladoras y 2.000 kg de bombas

fuera de combate y unos 230 aviones habían sido derribados. Stalin estaba convencido ya de que Finlandia era mucho más resistente de lo que él había pensado y que no merecía la pena seguir perdiendo hombres y material a cambio de tan poco. La batalla de Tali-Ihantala fue la más determinante de toda la Guerra de Continuación, y sirvió para mostrar la determinación finlandesa y convencer a Stalin de que no merecía la pena seguir luchando contra la inquebrantable resistencia de los valerosos finlandeses.

En otros sectores, las cosas tampoco habían ido bien para los soviéticos, pues en el norte de Viipuri, en el golfo de Viipuri y al nordeste del lago Ladoga, tampoco consiguieron penetraciones. Dos divisiones soviéticas habían quedado cercadas en Ilomantsi, con lo que el fantasma de Suomussalmi se cernió sobre el campo de batalla.

Mannerheim fue nombrado presidente por el Parlamento el 4 de agosto de 1944, sustituyendo al dimitido Ryti, con la misión de obtener la paz. Finalmente, tras muchas conversaciones, los combates cesaron el 4 de septiembre y se firmó un armisticio en Moscú el día 19. Las fronteras volvieron a las de 1940, con el añadido de Petsamo. La península de Porkkala fue alquilada por un período de 50 años y el ejército finlandés fue desmovilizado, a excepción de las unidades necesarias para expulsar a los alemanes de territorio finlandés en dos semanas. A pesar de todo, Finlandia mantuvo su independencia a diferencia de muchos países europeos.

La paz firmada con la Unión Soviética llevó a la situación surrealista de entrar en guerra con sus antiguos aliados alemanes que, en su retirada, arrasaron la localidad de Rovaniemi, capital de la Laponia finlandesa.

RISTO RYTI (1889-1956) fue presidente de Finlandia durante la Guerra de Continuación (1941-1944).

El precio pagado por Finlandia por su supervivencia había sido alto: 59.000 muertos y 158.000 heridos. Los soviéticos, por su parte, habían sufrido más de 230.000 muertos y 400.000 heridos. Cientos de carros de combate habían sido destruidos. La aviación soviética había sufrido pérdidas desproporcionadas, pues más de 1.850 aviones fueron derribados por los cazas y más de 1.300 por la artillería antiaérea. La fuerza aérea finlandesa, por su parte, había perdido unos 520 aparatos, entre derribos y accidentes. Pero Finlandia había sobrevivido.

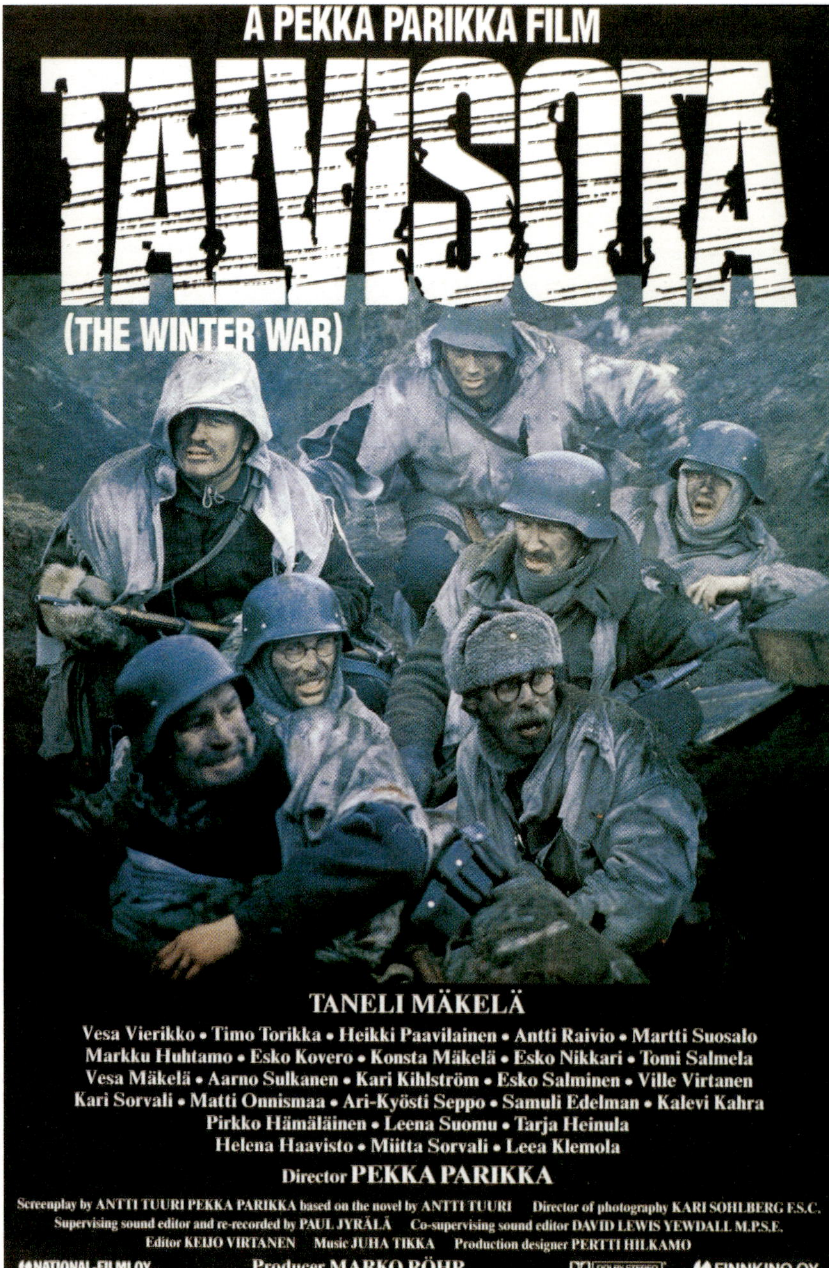

Cartel original de *Talvisota* (1989), del director finlandés Pekka Parikka.

Transcurridos cincuenta años del inicio del enfrentamiento ruso-finlandés en la denominada Guerra de Invierno, se estrenó el filme *La Guerra de Invierno* (*Talvisota*, 1989), basado en la novela homónima de Antii Tuuri. Narra la historia de dos hermanos que son enviados a luchar al frente del istmo de Carelia encuadrados en la 1ª Brigada de infantería. El director Pekka Parikka muestra de manera realista y desgarradora, con minucioso detalle, la situación en que se encontraron las tropas finesas frente a la superioridad del enemigo soviético, así como las dificultades que debieron afrontar ambos bandos a causa de las durísimas condiciones climatológicas. Esta cinta es un homenaje a los soldados finlandeses de la Guerra de Invierno, tratados como auténticos héroes en una demostración de valor y orgullo frente al invasor ruso.